証言 長州力

在日レスラーの反骨と革命

前田日明+ミスター高橋+
[illegible]二 ほか

宝島社

はじめに

ターザン山本

長州力はこの本についてどう思うのだろうか？

おそらく、嫌なことをしてくれたな、という不快感しかない。彼の中ではプロレスはもういい。その過去はなかったことにしたい。だから自分からは話したくないし、人からも聞かれたくない。

そういう心境のはず。しかし振り返って見たとき、1982年10月8日、後楽園ホール。藤波辰爾に対する〝噛ませ犬発言〟がなかったら長州というレスラーは、日本プロレス史にあれだけ大きな足跡と実績を残すことは、まずありえなかった。どう見てもスターになっていなかったし、中堅で終わっていた。あの瞬間、長州は歴史の表舞台に一気に駆け上がっていったのだ。

それまで日本のプロレスは、日本人vs外国人対決がメインだった。主流だった。長州は身長がない。足も短い。顔もいかつくてイケメンではない。また外国人レスラーといい試合ができるタイプでもない。完全に片隅に追いやられ出番がない。冷や飯を食わされ鳴かず飛ばず。冷遇された時代がやたらと長かった。

それを藤波との〝名勝負数え唄〟で大逆転させてしまったのだ。日本人同士の対決が、日本人vs外国人の対決に取って代わる一大転機を長州が演出。そのことで誰もが主役になれるという土壌ができた。現在の超多団体時代、オールインディーズの世界をつくったのは、実は長州である。元祖、パイオニア。もちろんその功罪は当然ある。それにしても長州は、時代を自分のほうに引き寄せた大成功者なのだ。だから本人の思惑とは別に、この本が出ることは第三者的には勝利宣言に近いものがある。

「お前ら勝手に俺について語っていろ!」である。

そしてここに証言者として登場した人たちには、なんらかの形で長州の影が落ちている。たとえその発言が一方的な主張だったりしても、だ。

読者の立場からすると、そんな長州と彼らの関係性を楽しめばいいのだ。両者の間には力の論理、力学が働いているし、そこから加害者、被害者という意識もある。

いったい、証言者はどんな視点、スタンスで長州を語っているのか?

上から目線、下から目線と、様々なことが想像できる。なにしろ長州はアクの強い指導者気質の性格。

真っ向勝負で長州を語れるのか?

そうではないのか?

そこも自然と見えてくる。証言すること自体がリトマス試験紙になるというわけだ。

アントニオ猪木は人々が無制限かつ自由に猪木論ができてしまう圧倒的存在だった。長州はその域にはない。しかし今回、その猪木を横に置いて人物論としての長州論を可能にしたのは改めてすごいというしかない。それだけ長州のプロレス人生が波乱に満ちていたということである。

物語なき時代に突入してしまったプロレス界。そんななか、泥臭い生き方への憧れは、まだ我々にはある。長州力からなにが見えてきたというのか？

あの時、あの頃、俺たちはみんな本気だったと、最後はもうそれを言うしかないのだ。

証言 長州力 在日レスラーの反骨と革命 目次

第2章 ジャパンに〝夢〟を抱いた男たち

第3章 長州政権に〝翻弄〟された男たち

第4章 地獄の〝ど真ん中〟WJの男たち

第5章 出戻り長州を〝嫌悪〟した男たち

装丁／金井久幸（TwoThree）
本文デザイン＆DTP／武中祐紀
編集／片山恵悟（スノーセブン）

第1章 〝革命戦士〟の目撃者たち

「長州さんが『プロレスラーは何回引退してもいいんだよ』って」

証言

前田日明

取材・文●井上崇宏
撮影●タイコウクニヨシ

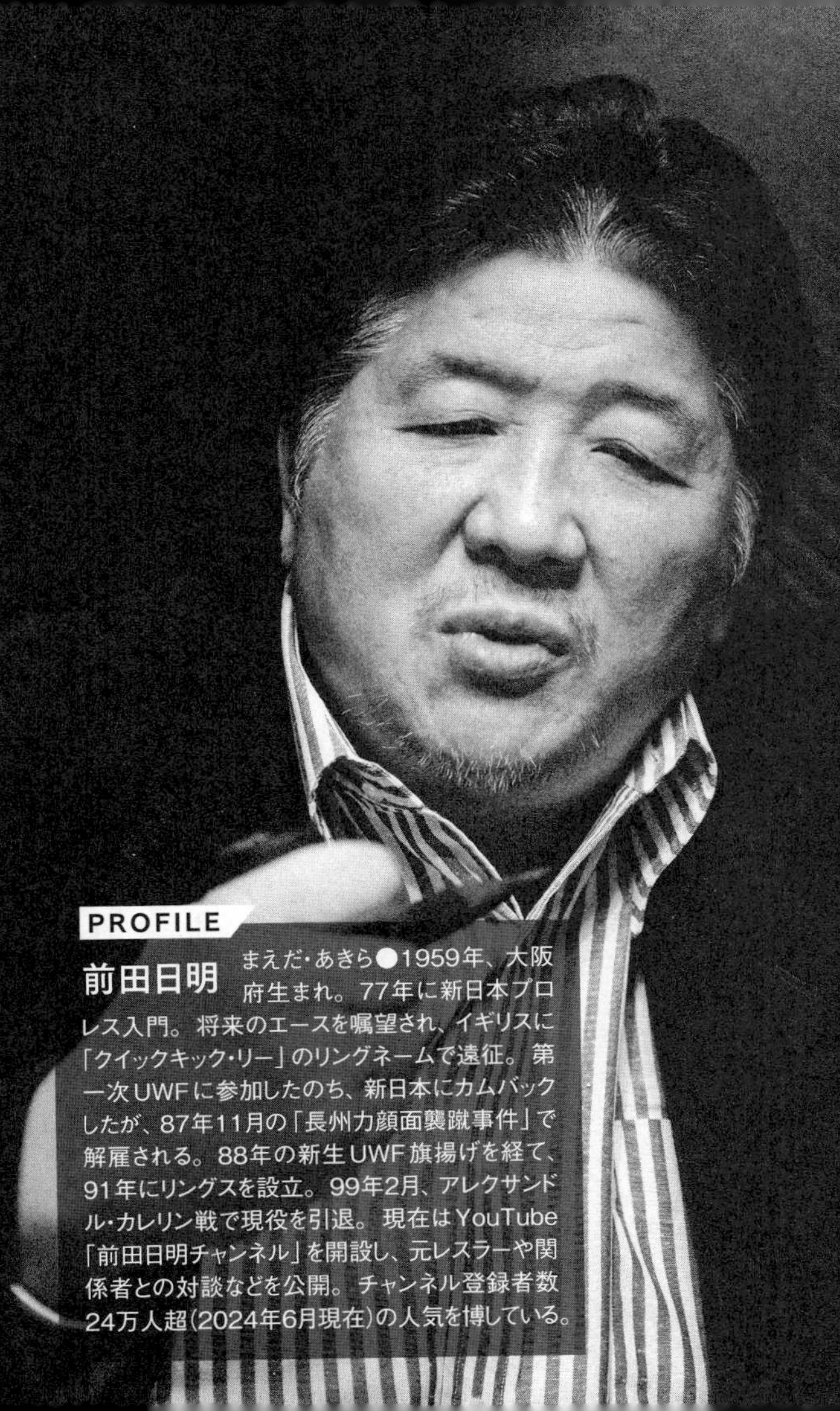

PROFILE

前田日明 まえだ・あきら●1959年、大阪府生まれ。77年に新日本プロレス入門。将来のエースを嘱望され、イギリスに「クイックキック・リー」のリングネームで遠征。第一次UWFに参加したのち、新日本にカムバックしたが、87年11月の「長州力顔面襲蹴事件」で解雇される。88年の新生UWF旗揚げを経て、91年にリングスを設立。99年2月、アレクサンドル・カレリン戦で現役を引退。現在はYouTube「前田日明チャンネル」を開設し、元レスラーや関係者との対談などを公開。チャンネル登録者数24万人超(2024年6月現在)の人気を博している。

長州力のプロレス人生を語るときに前田日明の存在は外せない。同じように前田日明を語るときに長州力の名は欠かせないだろう。

1987年11月19日、後楽園ホールで行われたUWF軍vs維新軍の6人タッグマッチで〝事件〟は起きた。木戸修にサソリ固めを決めんとしていた長州の背後から前田が顔面に蹴りを見舞い、長州は右前頭洞底骨折という重傷を負う。のちに前田は「蹴る前に長州さんの肩を叩いて合図をした」と〝事故〟であったことを語るが、この一撃で前田は新日本プロレスを解雇。結果的にそれが新生UWFブームをつくるきっかけとなり、UWFという運動体を毛嫌いしていた長州との確執は終わりの見えない物語となっていった――。

在日の持つ特性はプロレスにぴったり

「俺が入門した頃の長州さんっていまのような強面（こわもて）の雰囲気はまったくなくて、大学の運動部の気のいい兄ちゃんみたいな感じだったんだよ。

いまでも忘れない、俺が77年7月7日に入門した時は、アジア・チャンピオン・シリーズの最中でね。最終戦が猪木vs（ザ・）モンスターマンだったんだけど、たしか最後の移動日が名古屋から大阪で、俺は父親に黙って東京へ出てきて新日本に入っていたから、山本（小鉄）さんから『シリーズ後に一回（大阪に）帰って親御さんに挨拶してこい』って言われてね。その時に長州さんから『アキラ、大丈夫か？　お前、もう帰ってこないってことはないよな？　ちゃんと戻ってくるよな？』って言われたんだよね。そこで俺は『大丈夫です。ちゃんと帰って来ます』と答えたんだけど、あの時、なんで長州さんは俺にそんな言葉をかけてくれたんだろうね。

長州さんとの初対面はその数日前で、俺の入門初日。青山にあった新日本の事務所に挨拶に行った時、これから箱根小涌園の会場に向かうっていうんで、当時猪木さんが乗っていた白いキャデラックを（猪木）啓介さんが運転して向かったんだよね。それで俺が助手席に座って、後部座席に長州さんが乗っていた。

その時に『入門した前田です。よろしくお願いします！』って挨拶をしたんだけど、すごい体をしていて、もうゴリラにしか見えなかったね。『プロレスの練習をすると、こんなゴリラみたいになるんだな』って。のちにそんな人の顔面を蹴っ飛ばすなんて夢にも思っていないよ（笑）。

ただ、その頃の俺はモハメド・アリの弟子になるんだと真剣に考えていて、そのために新日本で体をつくらせてもらうんだと思っていたんでね。それでもせっかく新日本に来たんだから、ちゃんとレスリングの技も覚えないとなって思ったんだけど、誰も教えてくれる人がいなかったんだよね。

そんな感じの時に練習を見てたら、藤原（喜明）さんが1人でコツコツやってるから、『あっ、この人に教えてもらおう』と思って行ったんだけど、最初は全然相手にしてくれなくて、毎日『シッ、シッ！』って追い払われてさ。

山口の徳山体育館でまた『シッ、シッ！』って俺が言われているところを猪木さんが見ていて、『藤原！お前、かわいそうだろ。相手してやれよ』って言ったら、藤原さんはずっと黙ってて、猪木さんが俺に『いいよ。俺が相手をやってやるから来い』って言われてね。それで俺は『いきなりあの天下のアントニオ猪木とスパーリング!?』と思ってさ。

俺は空手家だし、自分の道場の先輩たちに恥をかかせられない、道場の名折れになるからどうしたらいいかなと思って、いきなり金的と目突きをやったんだよね（笑）。それを見ていた藤原さんが面白がって、翌日に『来い！』って言われて、それからは毎日藤原さんとスパーリングをするようになった。

ある日、山本さんから『光雄（長州）なんて入門してきた時、小沢（正志＝キラー・カーン）に極められたんだぞ。それぐらいスパーリングっていうのは難しいもんなんだ』って言われたことがあったね。

同じ在日ということに関していうと、さっきも言った箱根の会場から東京に帰る時、ハイエースに乗っていてね。そこに木村健悟さん、星野（勘太郎）さんがいて、長州さんもいたのかな。星野さんから『お前、〝ヨッチョン〟か？』って聞かれたんだよね。『そうです』って答えたら『俺らもそうだよ』って言われて、『あっ、そうなんだ』って。

でも、レスラー仲間のなかでは、在日がどうこうっていうのは全然関係ないんだよね。だから差別みたいなことをされたことは一度もない。なんか北尾光司が長州さんと口論になって『朝鮮野郎！』って言ったらしいけど、そんなヤツは俺が新日本にいた頃はいなかったよね。

面白い話があってさ。ある時、俺が渋谷で女の子と歩いていて、いい感じになってこれからホテルに連れ込むぞっていう時に、後ろからいきなり『おい、朝鮮！　どこに行くんじゃ！』って言われたんだよね。誰のことを言ってるのかなと思って振り返ってみたら、『おい、そこのデカイ朝鮮！　お前や、お前！』って、よく見たら星野さんで（笑）。ひどいよね、いきなりだよ？　『あんたもだろ！』と思ったよ（笑）。

ただね、在日の持つ特性はプロレスにぴったりなんだよ。どういうことかというと、長州さんは2世で、俺は3世なんだけど、やっぱ血は韓国人だよ。韓国人ってね、周りに『いかに俺が正しいか』っていうことをしゃべりながらケンカするんだよ。いまの韓国政府も同じだけど、良くも悪くもそういうカラーがあるんですよ。わざと論点をずらして、そして強く言う。言ったもん勝ちでさ。それってマイクアピールでも一緒じゃん。自分の都合のいいように論点ずらしをするっていうのがプロレスの社会ですよ」

「俺のリングネーム、長州力だぜ。終わってるだろ」

前田の言う「大学の運動部の気のいい兄ちゃんみたいな感じ」だった長州は、時が経つにつれて、寡黙になり、ファンやマスコミに対しては殺気めいたムードすら漂わせるようになっていく。その変容ぶりについて前田はこう分析する。

「プライベートでの交流はそんなになかったけど、その頃、俺によく言ってたのが『アキラ、俺のリングネーム、長州力だぜ。これでも俺はアマレスのチャンピオンだったんだよ。なのに長州力だぜ。ジャンボ鶴田なんてあんなのはレスリングがメチャクチャ弱かったのに、あいつはジャンボ鶴田だよ。終わってるだろ』って。それはしょっちゅう言ってたね（笑）。

でも、すごく話しやすい人なんだなって思ってた。普段はすごく明るくていつもケラケラ笑ってた。やっぱりあの人が変わったのは長州革命の頃からじゃないかな。あれはわざと演じていたと思うよ。だってあの（『噛ませ犬』発言で藤波辰爾に反旗を翻した）アングルだって猪木さんたちが考えたものでしょ？

それからアニマル浜口さんと組んでやっていって、その頃くらいからちょっと変わり始めた。浜口さんとかラッシャー木村さん、寺西（勇）さんもそうだけど、国際プロレスの人たちって寡黙で頑固っぽいイメージがあって、会場で新日本の連中がリングを囲んで練習してる時も、あの人たちは体育館の階段を昇ったり降りたりして練習をしてたんだよね。それで長州さんも徐々にそういう雰囲気を身にまとい始めて。やっぱりあの人がブレイクする前までは『まあ、プロレスってこんなもんだろ』って欲もなくて諦めた感じでやってるところがあったからね。そうだよ、長州力のあのピリピリした感じは浜口さんたちの色に染まっていったんだよ。

それで正規軍と維新軍の綱引きマッチで闘った時（83年11月3日、蔵前国技館）、あれは最初から長州さんのサソリ固めを俺が踏ん張って耐えて、レフェリーが止めるっていうことだったんだけど、思いっきり腰を落としてがっちり極めてきたんだよね。俺は試合中に『えっ？』ってなって。要するにレフェリーストップじゃなくて本気で俺にギブアップさせたかったんだよ。

俺もそれがわかったから『意地でもギブアップしてやるか！』と思ってさ。おそらくレフェリーが止めるっていうのが、長州さんは最初から不服だったんで、マッチメイクを破ろうとした。『なんで前田に自分の決め技をやってもギブアップが取れないんだ！』ってね。人って変われば変わるもんだなって思ったよね」

長州のU嫌いは、前田に対する嫉妬から

84年2月、前田は新間寿の手引きにより新日本を離脱し、同年4月のユニバーサル・レスリング連盟（第一次ＵＷＦ）旗揚げに向かうことになった。この新団体旗揚げに関しては、アントニオ猪木をはじめとする様々な人物の思惑が交錯していたが、この際に新間は「契約金３０００万円」の条件で長州も誘っていたことをのちに明かしている。

「新間さんが長州さんを引っ張ろうとしていたのは知らなかったけど、もし長州さんがいたら藤原さんがへそを曲げてユニバーサルには来なかったかもしれないね。藤原さんが来なければ、髙田（延彦）も来なかっただろうから、まったく違うスタイルの団体になっていただろうね。

のちに長州さんがＵＷＦに対してアレルギーを持っていたのは嫉妬（しっと）でしょ。『俺は

頑張ってやっとこの位置にまで来たのに、あいつらはこの世界でしちゃいけないことを全部やってて、おかしいじゃないか』っていう。すなわちUというよりも俺に対してのアレルギーだよね。

当時、新間さんから3000万円を提示されて動かなかったっていうのはなんでだろうね？　あとでジャパンプロレスをつくって全日本プロレスに移籍した時は、新日本内でのクーデターのゴタゴタで嫌気がさしたってのもあると思うけど、根本は欲が出たからだろうし。マサ（斎藤）さんと（タイガー）服部さんっていうのはアメリカンライクの権化だから、プロ＝お金っていうのがはっきりしている人たちなんだよね。要するにその時の長州さんはマサさんと服部さんに染まっていた、っていう。

だから全日本から新日本に戻ってきたのもお金だよね。ただ、その時には俺らUWFもいて、リング上で好き勝手にやっていると。俺にしてみたら長州さんたちがいなくなった全日本で、天龍（源一郎）さんが輪島（大士）さんとかに、えげつない蹴りを顔面に入れていて、俺たちの存在理由に危機感を持っていたから、『なんとかしてあれよりも激しいことを提示しなきゃいけない』ってことで長州さんを蹴っ飛ばした。そしたらクビになっちゃったっていう（笑）。

でも、あの後楽園の時だって、最初に俺に対してカタかったのは長州さんのほうだ

ワー
ロレスリン
8時放送
NORTH

からね。例のサソリ固めの時からまったく変わってなかった。それはせっかく摑んだ自分の席を取られたくないっていうのと、後輩をすくい上げることにあまり興味がない、それとなによりも、長州さん自身の役どころを演じることに目一杯だったたってことだよね。自分のアングルを守ることに精一杯だったってこと。

だから俺がバッと攻撃してもノーセールだからね。なにも受けないから。それで一度コーナーに戻ってきた時に『ああ、そういえばこの人はこんな感じだったよな』って思い出して、今度はちょっとだけ俺も激しくいってみたら、あの人は受けられないんだよね。本当にヨタヨタしちゃうからさ、『あれ、どうしようかな……』と一瞬思ったんだけど、『いいや、いっちゃえ!』ってそのままいって、はい、おしまいっていう。

いまから思うと、あの頃の長州力と前田日明って、結局は藤波辰爾っていう名プレイヤーがいたから名前を残せたんだよ。長州力には相手を光らせるまでの力量がなかったし、俺もそれ以外のところに目がいっていて、尖りまくってたし」

「俺もいつか前田にケガさせられるのかな……」

87年6月12日、長州が仕掛ける形で勃発した「世代闘争」では、長州と前田は共闘することとなる。猪木やマサ斎藤らに対し、新世代が立ち向かっていくというこの図式は、一時は盛り上がりを見せるも、ほどなくして瓦解する。そして、その後は新日本本隊vs長州軍という闘いへと中心線が移行していったため、前田らUWF軍団は次第にその存在が希薄化されつつあった。こうして徐々に長州と前田の間には見えない〝確執〟が生まれていった。

そうした空気のなかで起こったのが〝顔面蹴撃事件〟であり、前田の新日本解雇、のちの長州政権樹立だった。新日本で長州はレスラーとしても、現場監督としても剛腕を振るうこととなる。

「世代闘争の時は事前の話し合いに藤波さん、マサさん、俺、長州さん、あと服部さんと（ミスター）高橋さんとかがいたんだよ。そこに高橋さんがいたっていうことは猪木さんからのメッセージもあったはずだから、あのアングルを考えたのは猪木さんだよね。

でも、世代闘争なるものに俺が乗っかっちゃうとUWFっていうのが有名無実化しちゃうんだよね。だからリングに上がって言うか言うまいか迷ってたんだよね。それで『世代闘争がどうとかじゃなくて、誰がいちばん強いか決まるまでやればいいんだよ！』って得意の論点ずらしをしてさ（笑）。

だけど一応ニューリーダーズとして長州さんともタッグを組んだりしてね。試合のことはあまり憶えてないんだけど、『長州さん、妙にカッコつけるようになったな』って思ったね。そんなことを考えていたぐらいだから、気持ちとしては（世代闘争に）シラけていた時期だったんだろうね。

ジャパンプロレスの若手に馳（浩）と（佐々木）健介がいたけど、馳は印象が全然ないんだよね。健介は安生（洋二）と仲が良かったなっていうのと、すごく礼儀が正しくて練習を真面目にやっていたから、マサさんや長州さんたちがかわいがってたよね。健介を新生ＵＷＦに引っ張ろうとしてたって話は俺は知らない。そういう話もあったかもしれないなって感じだね。

後楽園の〝事故〟のあとに俺は無期限の出場停止になったわけだけど、長州さんと会って話をしたとかっていうのはいっさいなかったね。猪木さんとは一度飯を食って話したかな。

猪木さんが『お前、どうするんだ？』みたいなことを言ってきたから、『どうするもこうするもないです。ケガをさせたのは悪いと思ってますよ』っていう話をした記憶があるね。猪木さんは俺を諭そうとしていたんだと思う。『どうしてずっと片意地を張って、新日本に入らないんだ？』って言われたよね。

あの頃の新日本は、テレビ朝日から出向してきていた辻井博さんって人が経営を見ていて、基本的に俺は辻井さんと直接話をしてたんだよね。だから猪木さんは全然関わってないんだよ。辻井さんは俺らが個別契約をすると思っていたんだけど、俺はそれを拒んで、なおかつああいう試合をしたことで『前田に裏切られた』って言ってね。『なにを言ってるんだ、このオッサンは』と思ったけど。

ただね、テレビ局側と選手側とで熱の違いがあって、実はテレビ局側は〝ちょっとしたアクシデント〟ぐらいに捉えていたんだよね。でも選手側はヘタしたら明日は我が身で『俺もいつか前田にケガさせられるのかな……』と思っちゃったんだろうね。だから実際はテレ朝よりも新日本の選手のほうが俺に対してのアレルギーを強めたっていう。

だけど、あの蹴りって全然力を入れてないんだよ。パーンと腰を振ってパチンとやっただけのもんで、それがカウンターになって目が腫れちゃったけどさ。そのアクシデントをネタにしてどう転がしていくかっていうのがプロレスであって、それが筋書きのないドラマであって」

長州力はあと3回くらいは復帰すると予言しておく

95年10月9日、長州プロデュースの最高傑作とされる「激突!!新日本プロレス対UWFインターナショナル全面戦争」が行われる。前田との確執に端を発した長州のU嫌い、そしてU潰しが、見事に結実した興行だった。

「Uインターとの対抗戦だってね、あんなジリ貧状態のUインターなんか赤子の手をひねるように簡単な話ですよ。もうUインターは無条件降伏してるんだから、あとはどうとでも料理できる。

それで最初のドームで髙田は武藤（敬司）に負けちゃって、俺があの試合をやったら、間違いなく武藤をやっちゃってるよ。それでワーッと騒ぐでしょ、『あっ、武藤がやられた！　これ、どうなるんだろう?』って。そこから話が続いていくんだよ。それを髙田はあんな簡単にやられて、あれでもうUインターは終わっちゃったでしょ。東京ドームでの団体対抗戦で、大将同士のメインでしょ？　それであっさり新日本が勝ってどうするのって話で。そこはね、高校時代3年間、日活ロマンポルノ、東映ヤクザ映画の5本立てオールナイトを毎週見続けた人間のストーリーテラーとしての力量が違うよ（笑）。

それで長州さんは当時の勢いに乗って、大嫌いだった『週刊プロレス』を取材拒否したよね。あれは『やるならもっと早くやれよ』とは思ったけどね。ターザン山本のことが嫌いだったくせに未練たらたらと関係を引っ張っていた感じだもんね。

当時、ターザンに記事を書いてほしくていろんな人間があいつにカネを渡してるって話は俺も聞いていて、だからターザンと会うたびにそれを突っ込んでたんだけどさ、ターザンは顔を真っ赤にして怒って否定していたんだよ。で、ずっとあとになってあいつが出した本を読んだら、実際は俺が言ってた10倍くらいすごくてさ、俺はひっくり返ったよ（笑）。あのメガネスーパーの田中（八郎）社長からもカネを引っ張ってたのはすごいよね。だから当時もターザンに対して同情とかそういう気持ちは全然なかったね」

２０１９年現在。数々の因縁や確執を生んできた長州と前田も、会えば笑って握手ができる仲となっている。「プロレスラーに引退はない」とはよく言うが、前田は99年2月21日に現役を引退して以降、周囲からいくどとなく現役復帰を熱望されても首を縦には振らなかった。

「長州さんって引退はもう3回目くらいでしょ？　あ、今回で2回目か。２０００年に山ちゃん（山崎一夫）の引退試合で新日本のドーム興行に行った時にさ、長州さんと裏で会ったんだよね。その時にまた復活してどうのこうのっていう話をしてきたから、『いや、こないだ引退したばっかりじゃないですか』って言ったら、『お前、俺らはプロレスラーだよ？　何回引退してもいいんだよ』って俺に言ったんだよね。だから長州力はあと3回くらいは復帰するって予言しておくよ。そんな人に贈る言葉なんてあるわけがない（笑）」

「予定調和じゃない、札幌で長州を襲ったのは本気だった」

証言

藤原喜明

取材・文●堀江ガンツ

PROFILE

藤原喜明 ふじわら・よしあき●1949年、岩手県生まれ。72年に新日本プロレスに入門。新人時代からカール・ゴッチに師事し、のちに"関節技の鬼"と呼ばれる。84年に"テロリスト"としてブレイク。同年7月からは第一次UWFに移籍し、スーパータイガー、前田日明らと、UWFスタイルのプロレスをつくりあげる。その後、新生UWFを経て、91年には藤原組を設立。2007年に胃がんの手術をするも無事生還し、いまも現役で活躍中。

1984年2月3日、札幌中島体育センターでその事件は起きた。WWFインターナショナルヘビー級選手権試合、藤波辰巳（現・辰爾）vs長州力の試合前、藤原喜明が突如、入場時の長州を花道で襲撃。

鉄パイプのようなもので殴りつけられた長州は、フラフラになりながらなんとかリングに上がるも、すでに顔面は血まみれ。試合ができる状況ではなく、結局、試合不成立でノーコンテストの裁定が下された。

〝名勝負数え唄〟と呼ばれた長州とのライバル対決をぶち壊された藤波はこれに激怒。タイツとシューズ姿のまま雪降る会場外に飛び出し、「こんな会社辞めてやる！」という捨てゼリフを吐いて、ひとりホテルへ戻ってしまった。これが昭和のプロレスファンなら誰もが知る、〝雪の札幌・藤原テロ事件〟だ。

金曜夜8時、ゴールデンタイム生中継の最中に起こったこの事件のインパクトは絶大で、藤原はここから〝テロリスト〟として一気にブレイク。それまで玄人好みの実力者として知られてはいたものの、デビュー以来11年以上、ひたすら前座で闘い続けてきた男が、34歳にして世に出るきっかけとなったのだ。

もっとも、藤原自身は「あれがなくても、俺はなんらかの形で世に出ていたと思うよ」と語る。

たしかに、藤原ほどの実力とキャラクターがあれば、ブレイクは時間の問題だったのかもしれない。しかし、あれほど最高のタイミングでの鮮烈なブレイクはほかになかったであろうこともまた事実だろう。

「レスラーにかぎらず、人生のワンチャンスを摑む摑まないかっていうのは、普段努力しているかどうかなんだよ。努力しているからって、必ず摑めるとはかぎらないけど、努力してないヤツは何十回チャンスが来たって摑めない。そういうことだよ。

また、チャンスを摑んだところで、実力がなければすぐにボロが出るだろうしね。

まあ、俺の場合は、たまたま長州という存在がそこにいて、たまたま俺にそういう機会がめぐってきた。それを摑んだのは俺自身だけど、長州がいなければ、そのチャンス自体がなかったかもしれない。そういう意味では、長州に感謝しないとな」

長州に極められた記憶はない

49年生まれの藤原は、51年生まれの長州の2歳年上。新日本プロレスでも先輩にあたる。長州力こと吉田光雄は、藤原がデビューした1年後の73年12月に新日本に入団した。新日本の歴史において、入団記者会見をして入ってきた新人は、長州が初めてのことだった。

この大卒のレスリングエリートとして、鳴り物入りで入ってきた長州の印象を、藤原はこう語る。

「やっぱり『いいもの持っているな』っていうのは、最初からわかったよ。道場での練習を見ても、力はあるし、瞬発力もある。あの体でよく動くしね。俺たちも、そりゃあ『負けてたまるか』っていう気持ちはあったけど、向こうはオリンピック選手だからね。普通の新人みたいにいじめられることはなかったのよ」

当時の新日本道場といえば、徹底的に基礎体力トレーニングを行ったあと、〝セメント〟や〝極めっこ〟と呼ばれた、関節技のスパーリングが行われたことで知られている。藤原はそのスパーリングの強さに定評があり、長州とのスパーリングは「そんなに記憶にないが、極められた記憶はない」という。

「向こうはアマレスの選手だからね。そこまで関節技には興味がなかったんだろう。柔道のチャンピオンは、プロレスに入っても柔道が一番だし、アマレスのチャンピオンなら、アマレスが一番なんだよ。でも、俺はバックボーンがなにもないから、『これしかない』って感じだった。

バックボーンのあるヤツらは、うまくいかないときに逃げ場がある。だけど俺なんかはないから、道場で生き残るしかなかったんだ。田舎に逃げたら、俺は岩手の農家の長男だから、百姓やって朝から晩まで真っ黒になって働いて、夜はビールを飲むだけ。俺は別に、〝百姓〟って言葉を差別的に使ってるわけじゃないよ。うちの親父なんか、プライドを持って『俺は岩手の百姓だ』って言ってたんだから。でも、俺はそれをやろうと思わなかった。

だから必死になって道場で腕を磨いた。俺にとって、それが必要だったからやっていたんだ」

真夜中に長州に酒を誘われた

藤原が、なんのバックボーンもなく、様々な職業を経験してから23歳で新日本に入門したのに対し、長州はミュンヘンオリンピック代表選手として鳴り物入りで入門してきたエリート。また、藤原はカール・ゴッチに師事し、関節技に傾倒していったが、長州はゴッチの技術にはあまり興味を示さなかった。

同じ新日本の若手とはいえ、対照的な2人のように思えるが、仲は決して悪くなかったという。

「どっちかといえば、仲はよかったと思うよ。昔はオープン（野外会場）でやる試合が多かったからさ、2人でちょっと陰のほうに行ってタバコを吸ったりね。俺よりあとに入った新弟子は、なかなか残らなかったから、彼とは話す機会も多かったんじゃないかな。

ある時、地方興行でスポンサーか誰かと飲んできたあと、彼が俺のところに来て、『一杯付き合ってください』と言ったことがあるんだよ。『なんだよ、こんな真夜中に』と思いながらも『わかったよ』って了承して、2人で飲みに行ってね。

そうしたら、『藤原さん、聞いてください』っていろいろ話をしてきてさ。彼はエリートで入ってきた人間だけど、エリートはエリートなりに、悩みみたいなものがあったんだろうね。頑張ってもなかなか上にいけないみたいなさ。プロレスとアマレスっていうのは、また違うものだから。その辺に悩んでたんだよな。それを俺が一生懸命なぐさめたりしてね。

その時、俺は思ったよ。恵まれているヤツには、恵まれているなりに悩みがあるんだなって。

うちの近所に地主がいるんだけどさ、固定資産税をものすごく払っていて苦しんでるんだよ。もともと農地にしているから、売ろうにも売れない。土地持ちには土地持ちの悩みがあるんだな、と思ったのと一緒だよね。その立場にならないとわからない悩みってあるんだよ。

だから長州にも、俺たちにはわからない、エリートにはエリートの悩みがあったんだよな」

予定調和でもなんでもない、本気で襲った

エリートと雑草——。もともとの立場は違っても、2人とも実力者でありながら、なかなか上にはいけないという、同じような境遇でもあり。気持ち的にも相通ずるものがあったのだろうか。

そして、長州はその溜めに溜めた鬱憤（うっぷん）を82年に爆発させて、〝革命戦士〟としてブレイク。その1年半後、藤原もまたその思いをぶちまけるようにして、〝テロリスト〟としてブレイクした。

藤波に対して、「俺はお前の噛ませ犬じゃないぞ！」と噛みついた長州と、そうしてブレイクした長州に対して、「下には下がいることを教えてやる」と、テロを敢行した藤原。

その2人の反逆が、観るものにあれほどのインパクトを与えたのは、その叫びが真に迫っていたからにほかならない。ストーリーを超えた本音の叫びであり、レスラー人生を懸けた、一世一代の行動であることが、観客にもダイレクトに伝わったのだ。

「なんか、（札幌での襲撃事件を）どっかの団体が真似したらしいじゃん。そんな二番煎じやってどうするんだよな。あれは一度だけやったからインパクトを与えたわけで、何度もやったら意味がないんだよ」

あの〝雪の札幌・藤原テロ事件〟以降、長州と藤原の闘いは一気にヒートアップ。その鬼気迫る闘いは、リングから殺気が漂うほどだった。そこから藤原は、新日本正規軍の一員として毎週のようにテレビに登場するメインイベンターになっていったのだ。

「だから、俺の気持ちのどこかにエリートに対する妬みがあって、向こうには向こうのなにかがあったんだろうな。本物の気持ちと気持ちがぶつかっていたわけだ。また、俺には関節技の本物があって、あっちはアマレスの本物。持っているものも本物だったんだよ。やっぱり、自分のバックボーンを生かして、本物の技術と気持ちを見せないと、怖いプロレスはできない。

俺がいちばん嫌いなのは、リング上から『みなさーん、愛してまーす』とか言っちゃうヤツ。殺るか殺られるかの場所で、なにを言ってるんだよ。リング上っていうのは、一般社会とは別世界なわけ。でも、『愛してまーす』なんて言った途端、観客も『なんだ、俺らと同じじゃん』ってなっちまう。

俺が札幌で長州を襲ったのだって、予定調和でもなんでもない。本気で襲ってるんだから、いまの時代だったら警察が出動しているよ。でも、プロレスのリングっていうのは、それくらい非日常で、なにが起こるかわからない世界なんだ。サラリーマンが、お金を払ってサラリーマン同士の試合を見に行かない。一般社会とは別世界だから、お客が来るわけであってさ。長州は、会場入りしたら常にピリピリしているだろ？　あれが本当なんだよ」

いまは客に“媚びてなんぼ”。昔は“ビビらせてなんぼ”

藤原と長州の一騎打ちは、殺気に満ちたケンカマッチであると同時に、技術的にも見せ場の多い、まさにプロの試合だった。藤原の代表的なオリジナルムーブである、ラリアットを脇固めで切り返す技も、長州との闘いで生まれたものだ。

「あの技は、とっさに生まれたものだよ。こっちはスパーリングで何十年とやっていたから、そのなかで、ああこの入り方は使えるなって。リング上で説得力のない技っていうのは、お客さんは信用しないよ。相手を本当に仕留められる技か、見せかけだけの技かは、すぐわかってしまう。

だいたいコーナーポストの上から空中で何回転したところで、あれってなんなの？

『うわ〜、あんなに回転されたら、やられたほうは死んじゃうな』ってお客が思うか？　違うだろ。

　いまのレスラーって、お客さんに媚びてなんぼなんだよ。俺たちの時代っていうのは、お客さんを驚かせてなんぼ、ビビらせてなんぼだったんだよ。お客さんに『こんなヤツとケンカしたくない』って思わせて、お客さんのほうは、怖いもの見たさで会場に来る。そんな時代だったからな」

長州は、リングで笑いが起こることは絶対にNGという考えの持ち主として知られているが、そんな長州のプロレス観には、藤原も共鳴するものがあるという。

「俺は黙ってリングに上がって、試合が終わってもマイクでしゃべったりしないで、そのまま黙ってリングを降りる。それは長州も同じだからな。長州は、試合前にお客さんの前に顔を出さない。売店にも行かない。徹底してる。あれでいいんだよ。

あれが昔の新日本の考え方、猪木さんの教えなんだよな。体育館に一歩足を踏み入れたら、緊張感が走る。控室なんてシーンとしてたからな。だから、あの若い頃の教育っていうのは、いくつになっても根底にある。それは俺も長州も一緒だと思うよ」

　そんな同時代を生きた長州が、6月26日に後楽園ホールで引退する。藤原は最後に、こんな言葉を残してくれた。

「辞めてしまうのは残念だね。でも、いいプロレス人生だったと思うよ。彼はスターだから、いまの時期に辞めなきゃいけないんだろうね。俺は別にエリートでもないし、スターでもないから、呼ばれるうちはやってやろうと思うけど。彼はスターだから、自分のいい時期のイメージは崩せないという思いがあるから、引き際が早まることもあるんだろう。

だから残念だけど、人間いつかはそういう時期が来るわけだから。俺から言えることは、『ご苦労さん、いい思い出をいっぱいつくってくれてありがとう』っていうことだな」

「いいとこ連れてってやるよ」と金玉を触ってきた長州

証言

船木誠勝

取材・文●寺西ジャジューカ

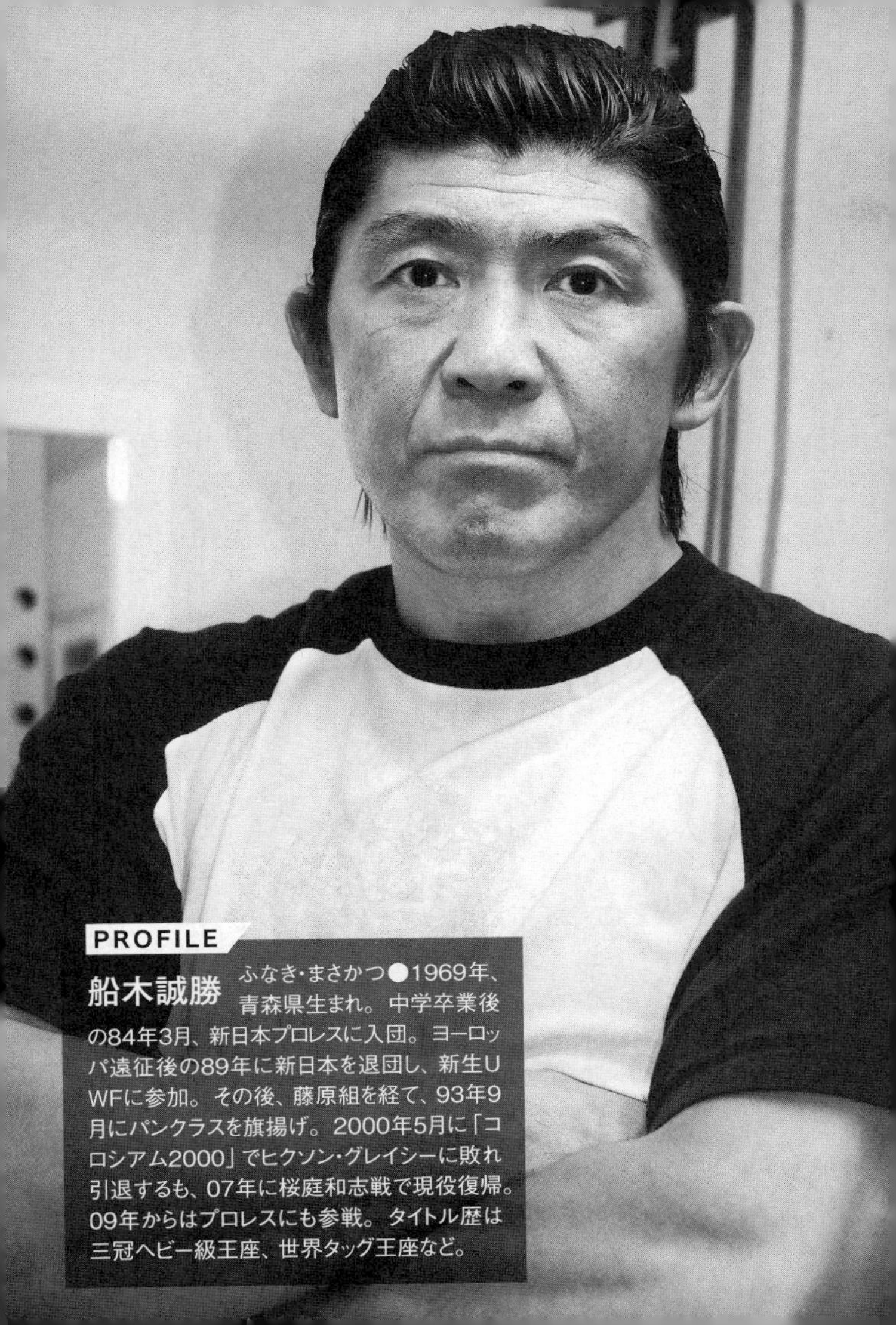

PROFILE

船木誠勝 ふなき・まさかつ●1969年、青森県生まれ。中学卒業後の84年3月、新日本プロレスに入団。ヨーロッパ遠征後の89年に新日本を退団し、新生UWFに参加。その後、藤原組を経て、93年9月にパンクラスを旗揚げ。2000年5月に「コロシアム2000」でヒクソン・グレイシーに敗れ引退するも、07年に桜庭和志戦で現役復帰。09年からはプロレスにも参戦。タイトル歴は三冠ヘビー級王座、世界タッグ王座など。

船木誠勝が中学卒業後に新日本プロレスへ入門した頃、すでに長州力は〝革命戦士〟としてブレイクの真っ只中にいた。船木はデビュー4年後に新生UWFへ移籍（89年）し、2人のプロレス人生にはほとんど交わりがなかったような印象がある。

「若手時代、自分は外国人と維新軍の誘導を担当していたんです。巡業についていくと、長州さんが『ボク！　15歳なんだってなあ。今度、いいとこ連れてってやるよ』って自分の金玉を触ってきたんです。それが長州さんとのいちばん最初で、それからは『ボク、元気か？』ってちょこちょこ話しかけられました。

17歳になる手前の頃に自分は膝の靭帯を痛め、巡業から外れて大分の高本綜合治療院に治療に行くことになったんです。その前の晩にラーメン屋に入ったら、長州さんとマサ斎藤さんがいて、『ボク、どうした？』『治療で明日から別府に行くことになりました』『そうか。じゃあ、食べたいもの全部食べろ』って、ラーメンとチャーハンともう1つラーメンを追加してもらいました。そうこうしているうちに『ビールも飲むか？』ってビールも1本プレゼントというか（笑）。で、『またケガ治ったら頑張れよ』って肩をポ～ンと叩いて出ていったんです。それが長州さんとの最後でした。次のシリーズの終わりに、長州さんたちはジャパンプロレスとして全日本プロレスへ行ってしまったので」

ヒクソンは長州をテイクダウンできない

船木は藤原喜明の指導を受け、腕を磨いた藤原教室の優等生だ。しかし、長州は藤原教室の存在自体を「知らなかった」と語っている。

「藤原さんが若手と戯れてるみたいな感じに見えたんじゃないですかね？　オリンピックを目指してた人、出た人は、そこでもう強さが決まってると思うんですよ。すでに序列というか『お前、どこまで行った？』という世界だと思います。だから、セメントの練習をする必要もなくなっちゃうんでしょうね。長州さんに関してはみんなが一目置いてましたよ。だから、周りの態度で『強いんだな』という印象がありました。

若手時代、長州さんとマサさんと谷津嘉章さんがレスリングのスパーリングをしてるところを見たんです。最初の2～3分はマサさんがいちばん強かったですね。で、長期戦になったら谷津さん。途中で長州さんとマサさんが2人とも疲れてきて、最後は谷津さんが転がし始めるんです。『こういう順番なんだな』と思って。だから『マサさんがいちばん強いんだな』と思いました（笑）」

2000年5月に「コロシアム2000」でヒクソン・グレイシーと闘い、敗れた船木。のちに長州もヒクソンとの対戦が取りざたされたことがある。

「2人は体重が30キロくらい違うので、ヒクソンは長州さんをテイクダウンできないはずです。試合になったら、四つに組んでコーナーでずっと長州さんが押さえてると思います。ただ、スタミナがどこまで持つかだと思うんですよね。ヒクソンはすごくスタミナありますから、途中で長州さんのスタミナが切れた瞬間を待ってグラウンドに引き込んでくるかもしれないですね。なので、最終的にはヒクソンなのかなという感じはします。

長州さんがヒクソン戦用に訓練を積み、時間制限がある試合だったら拮抗した勝負になると思いますけど、ヒクソンの試合は時間無制限じゃないですか。だから、たぶんヒクソンが勝つ。鍵はスタミナです。なんでかって言うと、谷津さんとスパーしてる時に長州さんは途中で疲れてしまいますから。でも、面白い試合だと思いますよ。いままでの誰とやった試合よりも違ったヒクソンが見られると思います」

「見たか、長州」のコピーが表紙に載った幻の『週プロ』

93年9月、船木はパンクラスを旗揚げする。その直前に長州は『週刊プロレス』(93年5月4日号)のインタビューで船木に言及。「団体が増えすぎて、どんどん小さくなっていってる」「船木にしろ鈴木(みのる)にしろ、いくらああやってスタイルが固まっても評価もされないし、若い時になにかしないと素晴らしいのにもったいない。

時間を無駄にしている」と発言した。

「新日本に来てほしかったんじゃないですか？（笑）。ただ……行けないですよねえ。その時は『戻ったら終わり』だと思ってましたから。ネームバリューが髙田（延彦）さんとか前田（日明）さんに自分はまったく追いついていなかったので、スタイルを違うものにすればみんな振り向いてくれると思ったんです。だから、あれしかなかったんですよね。タブーを現実にする。あの頃、長州さんには見せてあげたいなと思ってました。『俺たち、これからこれやります。まったく新日本とは違うことをやりますから、そんなに敵対視しないでほしい』と思ってました」

95年、新日本はUWFインターナショナルとの対抗戦を開始。その1発目は長州が永田裕志と組み、安生洋二＆中野龍雄組と闘った一戦（95年9月23日、横浜アリーナ）である。この試合はUインター側が勝利したが、内容は長州が終始余裕を見せた展開に。試合後、またしても長州は船木に言及した。「どんなにウエートを落としてグッドシェイプしてもウエートを維持したままグッドシェイプしたヤツとの差は縮めることはできない。ただのデブを押さえつけるんじゃないんだから。船木のとことかね」。

ハイブリッドボディを実践していたパンクラスを意識しての発言だった。

「それも事実です。ただのデブじゃないですよね。筋肉で体重が多いほうが絶対に強いに決まってるんですよ。ただ、自分らの時にパンクラスは選手がいなかったんで無差別級でやるしかなかったんです。そのなかで、まだ技を知らない人のほうが多かったので、デカい選手を自分らのような小っちゃい人間が極めることが普通にできたんですよね」

翌96年5月にパンクラスは日本武道館大会を行い、そこで船木は巨漢（195センチ、135キロ）のオーガスト・スミスルと対戦。2分1秒、チョークスリーパーで勝利した。ファンの間では「この試合は長州発言を意識した船木からの回答」だとささやかれているが。

「あの時、週プロの宍倉（清則）さんが『面白い表紙をつくりましょう。なにか一言コピーをつくってください』って言ってきたので、自分がマジックで『見たか、長州』ってパッと書いて週プロ編集部に送ったんです。そしたら、スミスル戦の写真に『見たか、長州』って書いてある表紙の週プロを1冊だけつくってましたよ（実際に販売された週プロ増刊号には船木直筆の『死命感』がコピーになった）。もちろん冗談でですよ（笑）。『小さい人間が大きい人間を倒すこともあります』ということで『見たか、長州』って。でも、初めから長州さんを意識して組んだ試合じゃないです。だって、自分だって勝てるかどうかわかんないじゃないですか。たまたま勝ったから、ふざけてやったんです。実際にそんなの売ったら大変です。『ケンカ売ってんのか！』ってなりますから（笑）」

当時、船木はパンクラスの闘いを「21世紀のプロレス」と表現していた。しかし、その中身は完全なる格闘技だった。

「だから、卑怯といえば卑怯なんですよね。どっちにも転がっていけるというか。でも、『完全に格闘技です』って言ったら、プロレスファンは全員いなくなっちゃうと思ったんです。プロレスファンというパイを手放すわけにはいかなかった。その辺は本当にいちばん重要でした。だから、『やってる人間がプロレスラーなんでプロレスです』って言ってました。

のちに自分が全日本に入った時、長州さんと1シーズン一緒だったんです。それで台湾遠征の時に長州さんや西村修選手と3人で飲んで、長州さんから『お前、パンクラスやってて商売したろ』って言われたんですよ。要はジャマだったんでしょうね。プロレスの世界でそういうことをやっているので『そっちをやるんだったら、もう格闘技界に行けよ！　なんで、お前〝プロレス〟って言ってそんなことしてるんだ？』って思ってたんだと思います。それはそれで当たってるんですけどね。自分たちはプロレスって言ってましたから。商売にしようとはしてないですけども、生きていくためにはお客さんの目を引かなきゃいけなかったので。だから、最終的には商売になってたかもしれないですけど（笑）」

「お母さんを泣かせるような人生を歩むんじゃないぞ」

かつて長州はヒクソン・グレイシーに言及した際、こんな発言を残している。

「言っちゃ悪いけど、最初から『髙田は勝てないだろうな』という部分はあったよね。髙田は何回やっても同じ結果だろうなと思ったよ。意外と船木のほうができるだろうなと思ったね」（『力説　長州力という男』より）

「それは、パンクラスが実際に格闘技を始めたっていうのをわかっていたからじゃないですかね。経験って大事じゃないですか？　その経験はパンクラスにいた自分のほうが髙田さんよりちょっと長いから『5〜6年、下準備はちゃんとできてる』っていう。長州さんの発言は本当に冷静な勝負の目だと思います」

09年に船木がプロレス界に復帰した際、長州は喜んだ。そして、船木に「プロレスに帰ってきてよかったなあ。俺はお前の試合見るのが楽しみでしょうがないよ」と言葉をかけたという。

「でも、それって自分の中ではいままでの長州さんそのままですから。周りの人間が意外に思うだけで、自分の中では新弟子の頃と一緒なんです。『いろいろありましたけど、やっと帰ってきました』っていう気持ちでした。

長州さんには、本当に優しい言葉をもらいました。所々しかないですけど、本当にかわいがってもらった記憶しかないです。心身ともにいつも心配してくれた人だなと。パンクラスをやっていた時も『お前、そんなんで大丈夫か？』ってたぶん思ったと思うんですね。『大丈夫か？　だったら、こっち（新日本）来てもいいんじゃないか？』って。

台湾で飲んだ時はベロンベロンに酔っ払って、店を移動する時、自分と長州さんは2人きりで同じタクシーに乗ったんです。その時、長州さんは自分の手を持って『船木。お前、これからお母さんを泣かせるような人生を歩むんじゃないぞ。それがすべてだからな』って言ってきたんです。いつも、本当に優しい言葉をありがとうございます。それがすべてです」

第2章 ジャパンに〝夢〟を抱いた男たち

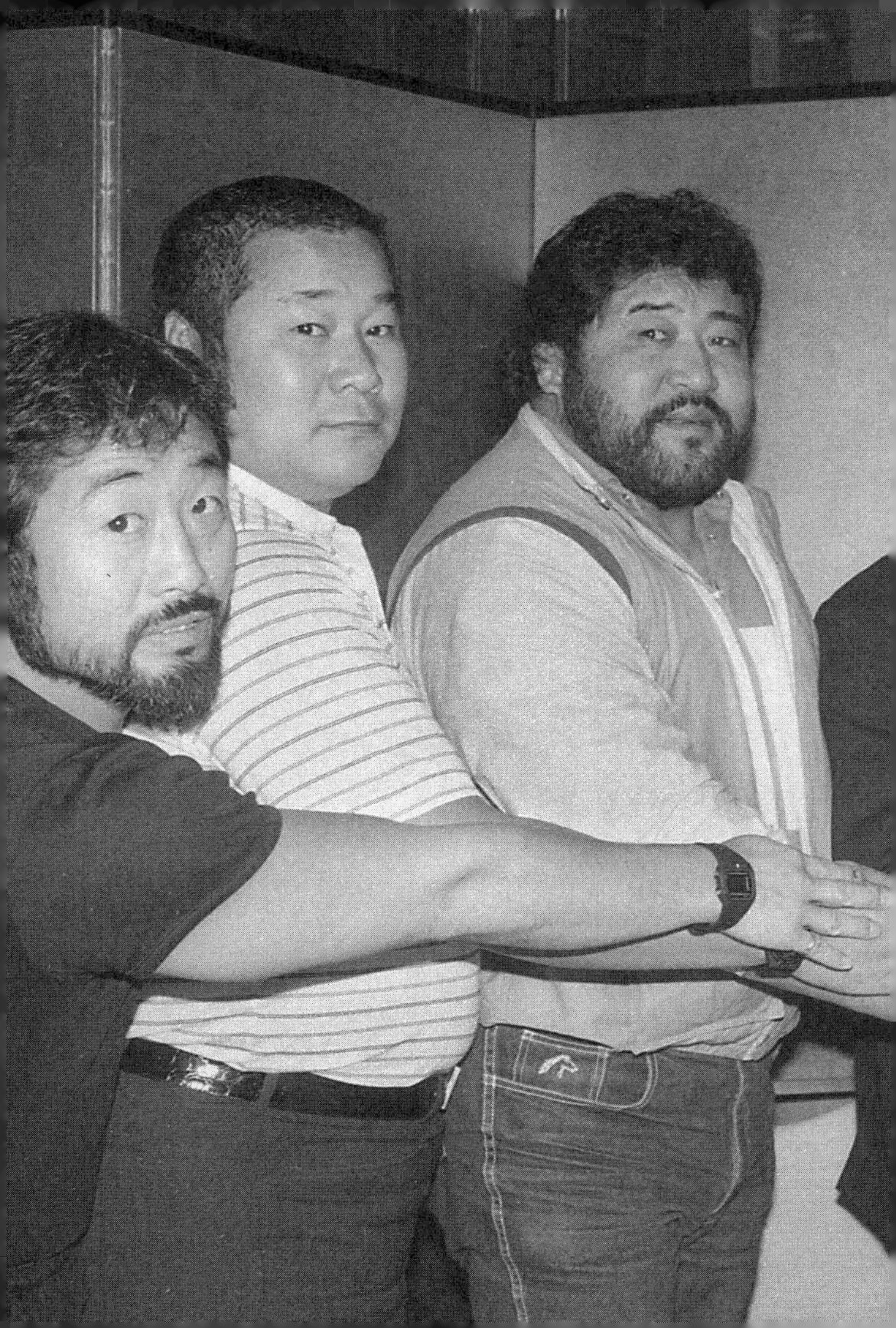

「ジャパン分裂は、会社が長州さんのものにならないと気づいたから」

証言

新倉史祐

取材・文●ジャン斉藤

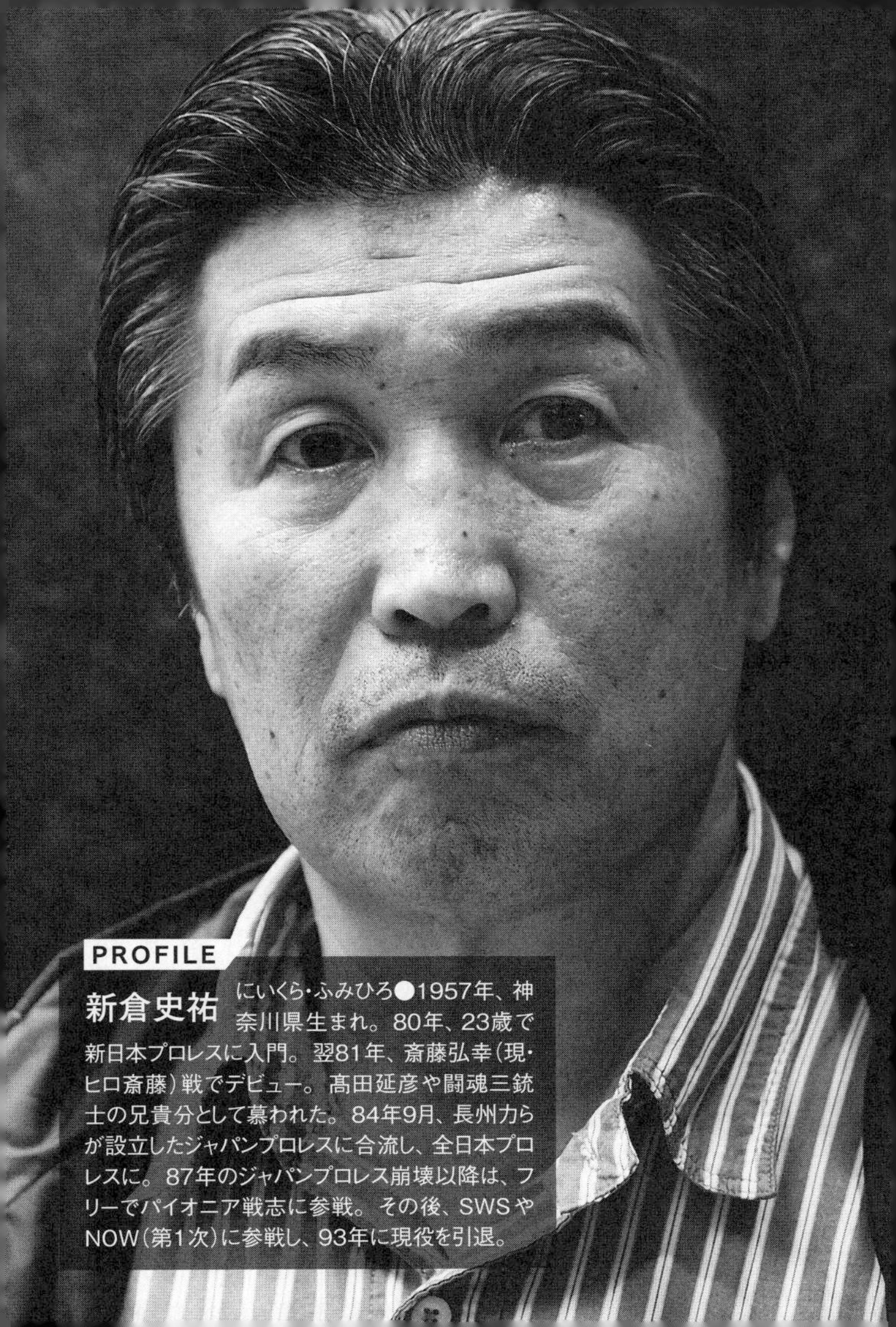

PROFILE

新倉史祐 にいくら・ふみひろ●1957年、神奈川県生まれ。80年、23歳で新日本プロレスに入門。翌81年、斎藤弘幸（現・ヒロ斎藤）戦でデビュー。髙田延彦や闘魂三銃士の兄貴分として慕われた。84年9月、長州力らが設立したジャパンプロレスに合流し、全日本プロレスに。87年のジャパンプロレス崩壊以降は、フリーでパイオニア戦志に参戦。その後、SWSやNOW（第1次）に参戦し、93年に現役を引退。

1981年に新日本プロレスでデビューした新倉史祐は、世田谷区・野毛の新日本道場に併設されていた寮の寮長を務めていた。そのため若手レスラーたちからは頼れる兄貴分としての顔を持ち、また初代タイガーマスクこと佐山聡の練習相手を務めるなど各方面に存在感を示していたが、藤波辰爾との抗争で時代の寵児となっていた長州力とも濃い関係にあった。

大量の万札があふれていた部屋のツボ

「俺はね、長州さんの家に居候していた時期があったんだよ。目黒にあったマンション。昔、目黒に全日本女子プロレスの自社ビルがあったでしょ。事務所や道場があったビル。あそこの近くに長州さんは住んでいて。距離からすれば50メートルくらいかな。長州さんの部屋から、全女のビルや巡業バスなんかが見えたもんだよ。

居候することになったのは、長州さんや俺が新日本を辞める直前、ジャパンプロレスができる前かな。長州さんから『俺のところに来いよ』って誘われて。それから新日本の寮を出て、長州さんの家に転がり込んだんだよね。長州さんの家には、いつも居候がいるんだよ。俺がいちばん最初で、その次は笹崎（伸司）、馳（浩）、佐々木健介の順番かな。俺の場合は付き人ってわけじゃないんだけどね」

当時まだ独身だった長州の部屋は、20畳の広々としたリビングが特徴的な間取りだった。

「長州さんの部屋は、玄関を上がると脇に風呂場とトイレがあって、正面にはリビングへのガラス戸。そのドアを開けるとリビングが20畳くらい広がっているんだよ。リビングからキッチンや寝室の部屋に繋がっている。長州さんはその寝室で寝て、俺はリビングで布団を敷いて寝ていた。部屋にはテレビとソファ、大きなツボを飾ってあるサイドテーブルと殺風景だった。

ある時、俺の帰りが深夜になっちゃったことがあってね。もう御大（長州）は寝室で眠ってたんだけど、リビングのガラス戸にどういうわけか鍵がかかってたんだよね。寝室に入っちゃうと、リビングのガラス戸と寝室の扉があるでしょ。ガラス戸に向かって長州さんの名前を何度か呼んだり、ガラス戸をドンドン叩いたんだけど、深く眠ってるからか気づいてくれなくてね。仕方なく、風呂場に洗濯物が干してあったから、それを布団代わりにして玄関で寝ましたよ（笑）。

夜中に長州さんがトイレに起きてきたから『ああ、すいません』って声をかけたら、まさか玄関で人が寝てると思わないよね。ひっくり返るくらい驚いてた（笑）。長州さんは『悪い、悪い』って布団まで敷いてくれたんですけど、あの時の卒倒した顔は忘れられないよね」

噛ませ犬発言からスターダムにのし上がった長州のライフスタイルは、スピード感あふれるハイスパートレスリングのように刹那的な匂いがしていた。

「サイドテーブルに置いてあったツボがまたすごいんだよ。中に腕が入るくらい大きいんだけど、なにが入ってるかといえば、お金。1万円札とか5000円札がいっぱい入ってる。ツボの中にいくら入ってるのか見たことないし、手を突っ込んだこともないけど(笑)。あんなにお金が入ってるということは、長州さんはいつもあのツボにお金を放り込んでいたってことだよね。

長州さんが『おい、焼き肉を食いに行こう』ってツボの中に手を突っ込んでお金を鷲掴みにして取り出して、そのままポケットに突っ込んでね。部屋から叙々苑までは歩いて5分くらいなもんなのに、上り坂ってことでタクシーを使っていたからね。『運転手さん、近いけど、そこまで』って。帰りは下り坂だからさすがに歩いて帰ったけど」

マサ斎藤の生き方に感化された長州

新日本を離脱してジャパンプロレスへと走り出していた長州の一挙手一投足には世

間も注目しており、プロレス専門誌だけでなくスポーツ紙がプライベートから長州の動向を追いかけていた。

「長州さんはマスコミ嫌いに思われていたけど、実際は照れ屋なだけでね。いまはテレビとかに出てるからそんなふうには思われてないけど。マスコミ嫌いに見えるところも人気になったみたいだね。

新日本を飛び出た時に大騒ぎになったでしょ。長州さんの家はマスコミに知られていたから家に帰れない。品川にあったホテルパシフィック東京に1週間から2週間近く泊まりこんでいたんですよ。そうしたら長州さんも暇で暇でまいっちゃったんだろうね。俺に電話をかけてきて『おい、ホテルに遊びに来てくれないか』って。俺もちゃんとホテルの場所を聞けばよかったのに、部屋番号だけ聞いてね。品川プリンスホテルのほうに行っちゃってフロントに聞いたらそんな部屋はないと（笑）。ホテルパシフィックじゃないですかって案内されて……。

ホテルの部屋には誰もいなくて長州さん1人。外に出ることはできないし、テレビを観るしかない。長州さん、寂しかったんでしょうね。『ルームサービスとか、なんでも頼んでいいから泊まっていってくれよ』って。さすがに男同士でホテルに泊まるのは嫌だから（笑）、毎日品川のホテルまで通いましたけど。

部屋ではなにをするわけでもなくテレビを観ながら、ルームサービスを頼んで雑談。長州さんは1人でいたくない人というか、巡業でも休日があると『部屋に遊びに来てくれない？』って電話がよくあった。外に出るにしても、1人で飯を食いに行きたくないんです」

新日本を離脱した当時の長州は31歳の若さである。当時プロレス界を支配していた2大巨頭の猪木と馬場にプロレスラーのエゴをぶつけ、テレビ朝日と日本テレビの間の揉めごとにまで発展させた。その長州の間近にいた新倉はどうように見ていたのだろうか。

「移籍する理由？　自分で団体を持ってやりたいってのが当時のプロレスラーの夢なんじゃないですか。スナックの女の子もいずれはお店を持ってママになりたいじゃないですか。男だってそうですよ。一国一城の主になるほうがいい。

フジテレビがUWFを立ち上げるだので、新日本の選手が動いた時があったじゃないですか。長州さんにも当然誘いがあって、ある関係者が現金1000万円をテーブルの上にポンと置いて『持っていっていいぞ』って言ったみたいですからね。でも、長州さんは動かなかった。『お前だったらどうする？　動くだろ』って言われたけど、目の前にそんな大金を積まれたら心は動きますよね。

長州さんはプロレスラーとして、海外で（マサ）斎藤さんに会って、フリーとして生き抜くあの生き方に感化されたところは大きいですよね。それまでは、そこまでなにかをやってやろうという感じではなかったと思いますよ。

ただ、大変だと思ったよ。だって自分の下に選手が十何人もいたわけだから。あん時思ったね、人の上に立つとこんなに苦労するんだって。長州さんの背負ってる重さ。みんなのことを考えないといけない。当時自分は20代後半だったけど、あれはいい人生勉強になったなあ。あの若さでね、あんなに選手を引き連れてやらなきゃいけない。とんでもない重圧ですよ」

全日本に対して「あいつら、死んでるよなあ……」

長州はジャパンプロレスとして全日本プロレスに乗り込む。そこでは全日本勢とのスタイルやプロレス観の違いが生じていた。

「ジャパンプロレスの時の長州さんも毎日ピリピリしてたね。巡業の時なんかも、16時半頃になって眠たそうに試合会場に入ってくる（ジャンボ）鶴田さんたちの姿を見て『あいつら、死んでるよなあ……そう思わねえか新倉？』って吐き捨てるように言ってて。

全日本とは練習に取り組む体勢が違うんですよ。俺たちジャパンが16時頃からリングを占領して練習してたから、馬場さんも考えるところがあったんだろうね。15時に会場入りするようになってね。渕（正信）さんを引き連れて、リングで三沢（光晴）や川田（利明）とか若手たちに練習を指導するようになって。俺たちが16時頃に来るとリングを空けてくれたんです」

ジャパンプロレスは長州の離脱をきっかけに内部分裂し、崩壊するが、その混乱の場に新倉の姿はなかった。

「俺は馳と一緒に海外に出ちゃってたからね。あれは選手たちが一生懸命やっても、会社は自分たちのものにならないと途中で気がついたからだよね。それは話が違う、そんなところに骨を埋めるつもりはないと。最初は俺たちの組織になるからってことで新日本を辞めて移ったんだけど、実際はそうはならなくて。どこまでいっても選手のものにはならない。あの時、TBSも放送しますって話もあったんだけど、結局なくなっちゃって」

ジャパンプロレスのプロレスラーたちは四方八方に飛び散った。新日本に戻る者、全日本に残留する者、ケジメをつけて引退する者……。

「みんな意見や考えの違いはあったんでしょうね。谷津（嘉章）さんたちが全日本に残ったのは、永源（遙）さんがうまくやったような気がするよね。真実はわからないです。永源さんは死んじゃったしね。俺が帰国した時、長州さんから『いろいろと悪かったな』って言ってもらったんだけどね。俺はそのまま体調を崩しちゃって、しばらくどこのリングにも上がれなくて……」

その後、フリーとしてパイオニア戦志やSWSに参戦した新倉は93年に現役を引退する。ジャパン分裂から6年後のことだった。

「いつだったか、渋谷で長州さんとバッタリ遭ったんですよ。以前やってた飲食店の近くでね。『おお、久しぶりだな。山口（県）のほうで試合をやってきたばかりで疲れたよ』なんて言っていて。誰かと一緒にいたので『またな』って別れました。

長州さんのプロレスラー人生は重かったと思います。あの当時ファンからもマスコミからも需要があったレスラーは長州さんくらいですよ。それを背負ってずっとやってきたわけですからね」

「長州のここでは言えない話を聞きたかったら、店まで来てくれよ」

証言 キラー・カーン

取材・文●金崎将敬

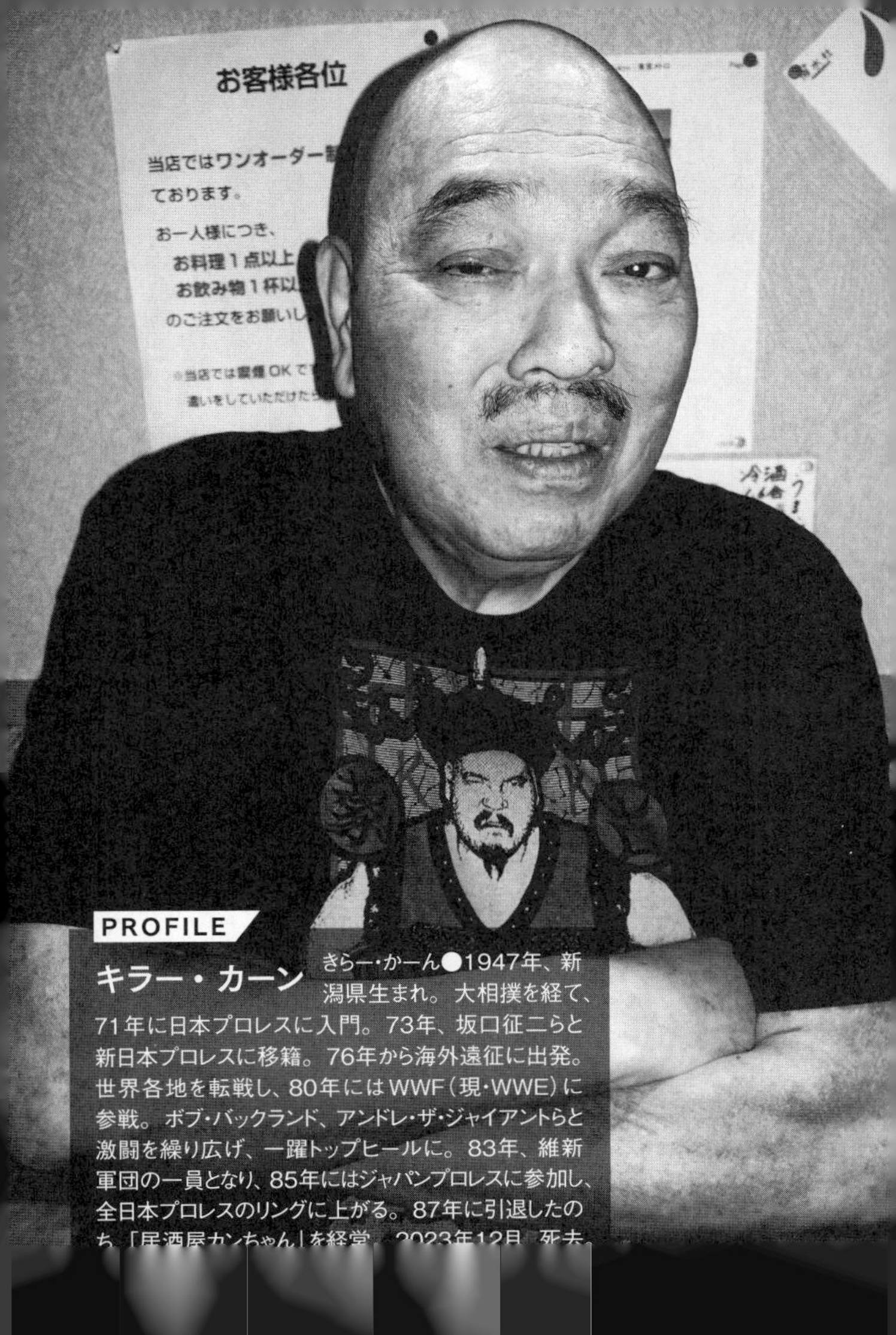

PROFILE

キラー・カーン

きらー・かーん●1947年、新潟県生まれ。大相撲を経て、71年に日本プロレスに入門。73年、坂口征二らと新日本プロレスに移籍。76年から海外遠征に出発。世界各地を転戦し、80年にはWWF（現・WWE）に参戦。ボブ・バックランド、アンドレ・ザ・ジャイアントらと激闘を繰り広げ、一躍トップヒールに。83年、維新軍団の一員となり、85年にはジャパンプロレスに参加し、全日本プロレスのリングに上がる。87年に引退したのち、「居酒屋カンちゃん」を経営。2023年12月、死去。

「長州のことなんて、話すことはなにもないよ。あいつはレスラーとしても、人間としても三流。俺とは現役の時からそんなに仲良くもなかったけど、いろいろな関係者から嫌な話をたくさん聞いてるからね。俺が長州のことを言うと、全部悪口になっちゃうけど、それでもいいかい？」

日本だけでなく、アメリカでもトップレスラーとして活躍した〝蒙古の怪人〟キラー・カーン。現在は新大久保駅近くにある「居酒屋カンちゃん」で店主を務めており、身長195センチの巨体を丸めながら接客する姿は、韓流ブームで沸く界隈で異彩を放ちつつも、大いに親しまれている。

カーンが、そのキャリアの絶頂期でもあった1987年に突如として現役を引退した〝理由〟には、長州力の裏切りがあり、その恨みはいまも晴れることはないという。

新日本にギャラをピンハネされていた

キラー・カーンこと小沢正志は大相撲を経て、71年に日本プロレスに入門、同年11月20日にデビューを果たすが、その後の日プロの崩壊に伴い、新日本プロレスに移籍。日本人離れした巨体で頭角を現し、将来を嘱望される選手となっていった。

73年末、吉田光雄が新日本に入団。アマレスのオリンピック代表という肩書から、その〝実力〟は大いに評価されていたというが……。

「長州の実力？　別にどうってこともなかったよ。道場でスパーリングは何回かしたと思うけど、あんまり記憶がないね。オリンピック代表かなにか知らないけど、あいつは（指をピストルの形にして）〝ゴッチ〟のほうは大したことなかったと思うよ。あの頃のプロレスラーはコレができないと話にならないから。

俺がアメリカにいた時には、力自慢の素人が挑戦してくるなんてことが普通にあったし、俺とかマサ（斎藤）さんは、実際に何度も相手してたから。長州は、そんなのやったことないでしょ？（カール・）ゴッチさんの道場にも行ってたみたいだけど、まともに練習してなかったっていうしね。俺はゴッチさんにも気に入られて、そこでもずいぶん鍛えられたから」

小沢は74年12月に開催された「カール・ゴッチ杯争奪リーグ戦」で、決勝に進出。その頃、新人だった長州は西ドイツや米国に海外遠征しており、あまり顔を合わすこともなかったという。

「俺は海外遠征が多かったから、長州がなにしてたとか、名前を変えたとか、そういうのは全然知らなかったし、興味なかったね」

小沢は、ドイツやメキシコなど海外マットを転戦し、79年にはアメリカ本土に進出。

フロリダでモンゴル人ギミックの「キラー・カーン」に改名する。80年末からはWWF（現・WWE）に参戦してアンドレ・ザ・ジャイアントと抗争を展開、ヒールとして大いに名を売った。

そのギミックを新日本に持ち込み、キラー・カーンとして81年に凱旋帰国を果たす。

「俺は日本に帰りたくなかったんだよ。アメリカで稼いでたし、結婚して、子供も生まれてたからね。それでも、ビンス・マクマホンと新日本の間で話がついて、俺を新日本に戻せってことになった。でも帰ってきたら話が違う。アメリカなら1試合で数万ドル稼げてたのに、日本では10万円。あとからわかったんだけど、新日本にギャラをピンハネされてたんだよな。いまからでも、あの時のカネを払ってほしいよ」

維新軍を仕切っていたのはマサ斎藤

82年末、長州は「噛ませ犬」発言から、新日本マットのど真ん中に躍り出る。83年にはカーンが新日本に造反する形で長州とマサ斎藤の狼軍団に合流。やがてタイガー戸口、アニマル浜口らも合流して「維新軍団」が結成され、新日本の反体制勢力として活動する。

「維新軍を考えたのはマサさん。その頃、俺たちは新日本の体制に不満があったんだよ。外国人にばっかり高いギャラを払って、毎日頑張ってる俺たちが安く見られてるのはどうかっていうことでね。それでマサさんは、だったら自分たちが外国人の代わりになれば、そのカネをウチらに回せるじゃないかって考えて会社に提案したら、それでいこうってことになったの。長州？　あいつはなんもしてないよ。維新軍を仕切ってたのは全部マサさんだよ」

維新軍はリング上のアングルに留まらず、新日本の運営に対するクーデター集団となっていき、84年には新日本プロレスを離脱。ジャパンプロレス設立へと動いていく。

「俺はその頃も海外が多かったから、新日本の事情には疎かったんだよ。でも、あの時は永源（遙）さんが、『長州が大塚（直樹）さんとジャパンプロレスをやることになったから、お前も来い』と。それで支度金を300万円くれたから、わかりました、と。でもあとから聞いたら、この時の俺の契約金は2000万円だったんだよ。永源さんは1700万円も懐に入れてた。永源さんは、新日本の幹部がやってきたことをずっと見てたから、『今度は俺の番』って、ピンハネしたんだよ」

ノンフィクション作家・田崎健太の著書『真説・長州力』によると、この時キラー・カーンに用意された移籍金は1000万円で、長州力は4000万円だったという。同書でインタビューを受けているカーンは、実際は1000万円だったことを了解した様子だったが、今回の取材では「いや、2000万円って聞いたよ。永源さんは1700万円持っていった。いまからでも返してほしいよ」と頑なだった。

カーンの必殺技にセールしなかった長州

そしてジャパンプロレスは、全日本プロレスに参戦。カーンも全日本マット上陸を果たす。

「まぁ、俺は全日本に行けてよかったけどね。馬場さんとは新潟の同郷だし、日プロの頃からよくしてもらったから。日プロが潰れた時、俺は全日本に行きたかったんだけど、その時は坂口（征二）さんの付き人をやってたから、そのまま流れで新日本に行くことになっちゃったんだよな」

全日本でカーンは長州と組んでロード・ウォリアーズのAWA世界タッグ王座に挑戦するなど、実力派レスラーとして活躍した。

「巡業中とか、ジャパンのヤツらとはたまに飲みに行ったりはしたけど、そこまで仲いいって感じではなかったね。この頃の長州は……なんだか調子に乗ってんじゃないかな。試合前の控室ではオンナの話ばっかりしてたよ。ずっとしゃべってるから、コイツなんなんだって思ってたよ」

プライベートでの距離感も影響したのか、やがてカーンはジャパン勢に反旗を翻し、長州に牙をむくというアングルを展開する。この造反劇を目の当たりにした全日本プロレス中継の実況を担当していた若林（健治）アナウンサーは、「恩知らずのキラー・カーン！」と叫んだ。

この抗争の決着戦として、長州とカーンのシングルマッチが、「サマーアクションシリーズ」中の86年7月31日、両国国技館で組まれた。

「この時は、馬場さんから試合前に『すまん、（指を下に向けて）〝コレ〟だよ』って言われて、俺はそうですかっていう感覚だったね。負けるのはぜんぜんいいんだよ。プロレスっていうのはそういう仕事だから。でもね……」

試合はカーンの額が割れて流血するという荒れた展開に。終盤にカーンの必殺技であるトップロープからのダイビング・ダブル・ニードロップが炸裂するが、長州がカウント2でキックアウト。息を吹き返した長州はバックドロップからリキラリアット3連発によりカーンにフォール勝ちをした。

「負けたけど、俺はいい試合をしたと思って満足してたんだけど、この時長州はプロレスラーとしていちばんやっちゃいけないことをやった。俺がニードロップを決めてフォールの体制に入った時、長州は手を振って『効いてない』って観客にアピールしたっていうんだよ。これは俺に対して失礼というか、いちばんやっちゃいけないことだよ。こういっちゃなんだけど、プロレスっていうのは持ちつ持たれつで、お互いの信頼があって成立するもの。自分だけカッコつけるなんてのはいちばんダメ。

長州っていうのはそういう男。俺たちは、ジャパンプロレスってことで長州をかついだけど、あいつはそれをなんとも思ってなかった。自分だけカッコつけて、カネ稼ごうとしか考えてなかったんだよ」

長州がなにをしてきたか、まだまだ言えないこともある

87年になると、長州は新日本幹部と会談を持ちはじめ、全日本離脱をチラつかせ始める。カーンはこの時期アメリカに遠征しており、長州の動きも、ジャパンプロレス分裂にも関知していなかった。

「アメリカにいる時に大塚さんから電話があって、長州が新日本に戻ったことを聞いた。驚きと怒りで震えたよ。長州はジャパンをつくった時、このメンバーは一蓮托生で、ゴタゴタはこれで最後って言ってたんだ。それなのに、なんでまたカネに転んで戻ったんだと。猪木さんに後ろ足で砂をかけた人間が、今度は馬場さんも裏切った。俺はもうあんな男と同じ業界にいたくないって思ったんだ」

カーンは87年4月に全日本を離脱し、アメリカに戻ってWWFと再契約を結んでいた。しかし、ジャパン分裂と長州の新日本出戻りにショックを受け、11月末に行われた試合を最後に現役を引退した。

以降は、リングには上がらずにタレント業などをやりながら飲食店で修業を続け、自身がオーナーとなる「スナック・カンちゃん」をオープン。場所や業態を転換しながらも、現在も経営を続けている。

そして長州とはあれ以来、話したこともないという。

「マサさんの葬式の時に、長州がいたのは知ってるよ。でも、あいつは俺に目も合わさなかった。カネのこともあるし、合わす顔もないんだろうね。俺はプロレス界でなにも悪いことをしてないから、堂々と歩けるし、どこにでも顔を出せる。でも、長州とか坂口さんは、後ろめたいこととしてきてるから、下向くしかねぇんだよ。彼らはカネは拾ったかもしれないけど、それで幸せなのかってことだよな」

カーンの突然の引退劇から30年以上たったが、長州への恨みを忘れたことはないという。

「長州のことなんて、考えるだけ無駄だよ。あのやり方とか、感覚とかは、同じ人間として理解できないね。長州がなにをしてきたか、まだまだ言えないこともあるよ。

それに、俺がこうやって長州嫌いを公言してるから、ウチの店に来てくれるプロレス業界の人たちが、長州についていろんなことを教えてくれるんだ。それも話したいけど、こういう文字に残るものだとマズいこともあるからね。いまそういうことは、トークショーで話すようにしてるんだ。もっと詳しい話を聞きたかったら、店まで来てくれよ」

第3章 長州政権に〝翻弄〟された男たち

「長州を〝金の亡者〟扱いしていた私は間違っていた。」

証言 ミスター高橋

取材・文●瑞佐富郎

PROFILE

ミスター高橋 みすたー・たかはし●1941年、神奈川県生まれ。山本小鉄の誘いで72年に新日本プロレスに入団し、草創期からレフェリーとして活躍。長らく外国人の世話係も務めた。98年、引退。2001年に『流血の魔術 最強の演技 すべてのプロレスはショーである』(講談社)を上梓し、プロレス業界に一石を投じた。著書に『悪役レスラーのやさしい素顔』(双葉文庫)、『知らなきゃよかったプロレス界の残念な伝説』(宝島社)など。

新日本プロレス旗揚げ時からレフェリーを務めたミスター高橋は、1974年8月8日の長州力のデビュー戦もさばいた。

「ギリシャ人のエル・グレコとやってね。会場は日大講堂。というのは、彼は新日本が初めてスカウトして入って来た人材だったんです。契約金なんてもらったのは、新日本では彼が初めてじゃないかな? あくまで荒川(真)とかに聞いた話ですが、周囲のやっかみもあったようですね。まあ、期待が大きかったということですよ。デビュー前から彼の練習を道場で見ていましたが、やっぱりオリンピックに出ただけの実力は持ってましたね。すでにデビューしていた先輩たちと、対等にやっていましたから。ただ、寮則に反し、どこかに遊びに行ってたのか、夜は合宿所にはあまりいなかったようです。そういう選手は長州にかぎらないんですが(笑)。

75年の5月ですか、猪木さんとタイガー・ジェット・シンの試合をさばくために、私もモントリオールまで同行しましてね。その後、足を延ばして、フロリダの長州のアパートに遊びに行って、2日ばかし泊めてもらったことがあったんです。もっとも、その時も長州は試合でほとんど部屋にいなくて、隣に住んでいた林牛之助さんと何度か飯を食いに行きましたよ。

うん、長州とは都合18年くらい新日本で一緒だったと思うんですが、個人的に飯を食ったこともなければ、私的な会話を交わしたことがないんです。仲が悪いわけじゃないから、ケンカもしたことがない。ウマが合わないと言えば、それまでだったんですね」

「試合が硬いと外国人に嫌われるぞ」

長年の付き合いのなかで、ほぼ没交渉だった長州と高橋。しかし、長州に対して、心に引っかかっている会話が高橋の記憶にあるという。

「長州のファイトは、外国人レスラーたちには不評だったんです。それはもう、デビュー戦を終えて、海外修行から帰って来た時（77年）からです。攻めに力が入りすぎるんですよ。海外でそう多くの試合経験をしたわけじゃないので、外国人選手いわく、『Stiff』、いわゆる『硬い』と。

たとえば、キラー・カール・クラップに長州の生の蹴りがガツンと入った時は、その夜、激怒したクラップが私の部屋まで抗議に来ました。アンドレ（・ザ・ジャイアント）に生の蹴りが入った時は、あの野球グローブのような手で顔面を張り倒されて、長州は鼻血を流していましたよ。逆に、藤波（辰爾）さんの蹴りがアンドレの腹を狙ったのに下腹部に入って、どうなることかとヒヤヒヤしたんですが、藤波さんがアンドレの耳元で『Ｓｏｒｒｙ』とささやいたら、アンドレは不問にしたんです。アンドレからの信頼度の違いが2人にはあったんです。

話を戻しますが、外国人サイドから長州の硬い攻めを控えるように、本人に言ってくれないかという要望が出たんです。ですから私は長州に言いました。『試合が硬いと外国人に嫌われるぞ』と。そしたら、長州は顔をしかめてね。『嫌われるぞ』という言い方にカチンときたのかもしれない。私もその瞬間、あっ、言い方がまずかったかな、と思ったんですけど、実際、長州は外国人との名勝負が少ないし、苦手意識もあった。あの時の一言がまずかったと、いまでも思ってるんです。長州が『そんなことないですよ』と言ってくれたら、私も救われるんですがね」

新日本草創期、トレーニング方法や技術を指導したカール・ゴッチに対しても、長州は自分を貫いていたという。

「先ほど言った、フロリダで長州に会った時に『ゴッチのところにはもう行ってない。帰って来た。高橋さん、僕は（アマレス流の）立ち技から入ったら負けるとは思いませんよ。寝技から入ったらわからないけど』と言ってました。それだけ自分の強さに自信を持っていたし、自分なりの考え方があったんでしょうね」

だが、デビューから8年間、長州のプロレス人生はくすぶったものだった。

「79年に、長州が坂口（征二）さんとのコンビで北米タッグ選手権を獲ったでしょ。それで、メインイベントに出る機会も多くなったわけですが、ある時、取り組みを見て長州が言ったんです。『なんだよ、またメインか』と。普通、喜んだり、意気に感じるものなのに、そういう言い方はどうかとは思いましたね」

長州がいやいや引き受けたアングル

82年10月8日、長州に転機が訪れる。世に言う〝噛ませ犬事件〟で長州はスターダムを一気に駆け上がり、藤波との〝名勝負数え唄〟は人気を呼んだ。

「プロレスというものの面白さに、長州が気づいた瞬間でしたよね。相変わらず試合は硬かったけど、日本人選手は別にそれに文句は言わないし、藤波さんとやって学ぶ部分も多かったと思う。ただ、藤波さんとは好勝負ができるけど、その分、ますます外国人相手の試合は苦手になった部分もありました。

あの時期、私はマッチメイカーだったんです。2人が取り組みを見るたびに、『またかよ』と。ファンの方もそう思ったかもしれない。なにせ〝噛ませ犬事件〟から長州が新日本から一度目の離脱をするまで、12回もシングルを組んでますからね。地方興行師からの要請や、人気カードということもありましたが、たしかに組みすぎでしたね。

札幌で藤波vs長州戦を組んだ日、控室に入って行くと猪木さんが『これ、どうすんだい？　こんな試合、ぶっ壊しちゃえよ』『長州の入ってくるところを誰かに襲わせて、試合自体なくしちゃえばいい』と。私もその案には賛成したんです。面白いと。ただ、これは何度も話してきたけど、襲撃者を誰にするかで揉めてね。猪木さんは小杉（俊二）、私が藤原（喜明）を推した。経験面から言っても、小杉にできるかな？という不安があったんですね。押し問答になって、私が藤原起用を諦めないと、結局、猪木さんが『勝手にしろ！』と、ドアをバタンと閉めて出て行ってしまった。それで私は『そうですか、じゃあ、好きにさせてもらいます』となった。私が猪木さんの言うことに逆らったのは、この1回きりだったと思います」

84年2月3日、札幌中島体育センターの藤波vs長州戦で、藤原が入場中の長州を襲撃。試合は不成立となり、藤原は〝テロリスト〟としてブレイク。藤波は激怒し、コスチューム姿のまま、雪の積もっている外へ出て行ったのは有名だ。

「長州は、あれで案外よかったと思ったかもしれない。藤波戦に飽き飽きしていた部分はありましたから。そこに、藤原という新風を吹かせることもできたわけですしね」

長州は、同年6月14日の第2回IWGP、猪木vsハルク・ホーガンの決勝戦に乱入。場外でホーガンのアックスボンバーと長州のラリアットが同士討ちとなり、猪木はリングアウト勝ちを収めた。この結果に、長州はファンの批判にさらされたが、9月には新日本を退団し、ジャパンプロレスを設立、全日本を主戦場とすることになった。

「猪木vsホーガン戦のアングルは猪木さんが考えたものだけど、新日本では猪木さんの言うことは絶対ですから、長州もいやいや引き受けてましたね。試合後は、なじみの店で1人で浴びるほど酒を飲んだとか……。同情しますよ。あの場面で、誰がその役を引き受けるかといったら、長州しかいなかったんですよね。若手がやってもホーガンに吹っ飛ばされるだけだし、長州は、本隊の人間ではなかったわけだしね。

退団した時、私は水面下の動きをまったく知らなかったので、びっくりしました。マッチメイカーでしたから、その後、とにかくカード編成に四苦八苦しました。急いで武藤（敬司）と蝶野（正洋）を、次のシリーズの開幕戦で同時デビューさせたのを思い出しますよ。しかも、両者の一騎打ちでね（84年10月5日、越谷市立体育館）。それくらい早く人員が欲しかったんです」

〝出戻り〟がメインレフェリーになったのはショック

自ら設立したジャパンプロレスとの提携で、全日本プロレスを主戦場にすることになった長州。その時期の長州の試合はテレビでも観ていなかった高橋だが、長州vsジャンボ鶴田戦（85年11月4日、大阪城ホール）には驚いたという。

「ジャンボ鶴田と60分フルタイムをやったと聞いて、鶴田という選手の試合を引っ張っていく力は強いんだなあ、と。長州はスタミナのあるほうではないと思っていましたから」

ジャパンプロレスとして全日本マットを席巻していた長州だったが、87年6月、新日本のリングに復帰する。

「六本木のテレビ朝日内にあった新日本の事務所に行ったら、復帰したての長州がいて、用事が済んだあと、私が道場に行こうとすると『僕も行きたいので、高橋さんの車に乗せてください』と言ってきましてね。その車中で、長州が言うんです。『高橋さん、新日本の選手たちにとっては、僕なんてヒール（悪役）でしょうねえ』と。私は答えました。『力ちゃん、俺はうれしいよ。また力ちゃんのカードが組めて、取り組みにも幅が広がって』『本当ですか？』『本心だ』と。

テレビ中継の初戦は後楽園ホールのメインイベント、藤波戦でした（87年10月5日）。

先ほどの鶴田戦と同じく、実はこの試合は、60分フルタイム引き分けにする予定だったんです。ところが先に長州の息が上がってしまって、試合中に『高橋さん、ダメだ』と合図をくれて、結局、二度の両者フェンスアウト延長戦の末、無効試合（35分5秒）にしたんです。だから、試合的にもすごく変なところで止めてしまったという記憶があります。

長州はそもそも、出だしからパッ、パッ、パッと展開していくハイスパートレスリングが得意ですから。要するに、肉食獣なんですよね（笑）。ガーッと行くところは強いけど、緩いテンポでは闘えないというか」

間接的にではあるが、長州軍団の復帰は高橋の立場にも変化をもたらした。

「外国人選手側のバスの事故で目を負傷しましてね。両目を手術したこともあり、マッチメイカーを降りたいと申し出たんです。それで坂口さんが少し務められて、その後、長州になったんです。長州から挨拶もされましたよ。『高橋さん、今度から僕が（マッチメイカーを）やるようになったんで、よろしくお願いします』と。そのあと、メインレフェリーも私からタイガー服部に代わることになったんです。ショックはショックでしたよ。私は新日本の生え抜きレフェリーで、服部は長州のジャパンプロレスについて行って、また出戻って来た人間じゃないですか。ただ、この時も長州は気を使ってくれて『高橋さん、視力が悪くなったこともあるし、メインレフェリーは大変でしょう』と。でも、何番目の試合でも同じなんだけどね」

長州に無断で組んだ誠心会館とのアングルには自省

90年代に入り、マッチメイカーを外れていた高橋が掟破りのアングルを組んだのが、91年の暮れから始まる、誠心会館との抗争だった。長州にも秘密裡に行ったものだったという。

「後楽園ホールの控室のドアがね、当時、建てつけが悪くて、どう閉めても『ギィー』と、半開きになってしまうんですよ。それを見てて、面白いな、これなにか使えないかな? と、日頃から考えていまして。それで、誠心会館館長の青柳(政司)の弟子が、ドアを閉めて出て行こうとすると、うまく閉まらず、それに小林(邦昭)が怒って張り倒す、というアングルを思いついたんです。青柳に電話して、これを持ちかけたら、向こうも乗り気になりましてね」

こうして、91年12月8日、後楽園ホールで小林と誠心会館の若手が、ドアの開け閉めをめぐりいさかいを起こし、そこで小林が若手をKO。青柳や斎藤彰俊も絡めての大抗争に発展した。

「闘いのピークとして、小林が斎藤彰俊に勝利して、誠心会館の看板を奪うんです（92年4月30日、両国国技館）。マッチメイカーの長州は、その時まで、この一連の抗争をガチンコだと思っていたんですね。内実を知ると、長州は、小林が奪った誠心会館の看板をすぐ青柳館長に返しに行きました。その後、この抗争は終息しました。マッチメイカーの長州は面白くなかったんでしょうね。私としては、もう少し長めに続けたかったんですけどね。ただ、マッチメイカーに黙ってアングルを組んだのですから、私のスタンドプレーではあるんです。先ほども言ったように、私と長州が普段から会話するような仲でしたら、また違った展開だったと思うんですが」

その後、マッチメイカーに加え、現場監督という立場も得た長州。その権限はさらに大きなものとなり、90年7月23日、青森の八戸で、長州に対し北尾光司がトラブルを起こし、結果、北尾は新日本を解雇されてしまう。

「宿泊していた八戸のホテルから、大会が行われる十和田に移動する時でした。私たちがジャージ姿でバスに乗ってたら、遅れた北尾がブレザー姿でやって来たんです。『なんだ、その恰好？』と長州が言うと、北尾が『長州さん、申し訳ないんですが、腰が痛いので、試合は休ませて下さい。リング上の挨拶だけにしてもらえませんか？』と。これに長州が激怒してね。『なにぃコラ！　みんな体が痛いのを我慢して試合やってんだ！　相撲だってそうだろう!?　みんなケガをしても土俵に上がるだろう！』って北尾を怒鳴りつけた。最初は神妙におとなしく聞いていた北尾でしたが、長州の続く一言に切れたんです。『なにが横綱だ、この野郎！』。この言葉がきっかけとなって、北尾が在日の方の蔑称を長州に放ってね。2人ともバスの外に出て、ケンカになりそうだったのを選手たちで止めたんです。でも、みんな長州を制するばかりで、北尾を止めていたのは、私と北尾のトレーナーを務めていたアポロ菅原だけでした。北尾は、今年（2019年）の2月に亡くなられてたんですってね。新日本を離れてからも年賀状はくれていたし、実は私の家にも来たことがあるんですよ。私にとっては、当たりがよくて、素直な好青年という印象だったのですが」

見てはいけない長州の「本当の姿」

不愛想、ぶっきらぼう……長州のマスコミ嫌いはつとに有名だが、そんな評価に対し、高橋は思いがけないエピソードを披露してくれた。

「そういう彼の、『話さないぞ』というスタンス。それって、当時のプロレスラーにとっては、とても大事なことだったんです。外に向けて長州力というキャラクターを頑なに守り通した、と私は思ってるんですよ。ところが、驚いたことがあって、90年代前半に、新日本で携帯電話を持っていたのは橋本（真也）だけだったんです。橋本は、控室に携帯を置きっぱなしにすることが多くて、（獣神サンダー・）ライガーとかが橋本の携帯を勝手に使っていたんですね。ある時、長州が携帯を使っているのを目撃したんです。彼には娘がいるんですが、電話口に向かって『〇〇ちゃ～ん♡　パパだよぉ～』と。私は、えぇ～っ⁉って仰天しましたよ。甘い声と口調が、もうムズムズズっとくる感じでした（笑）。マスコミへの応対と全然違うじゃないかと。でも、それが本当の長州の姿なんじゃないかと思ったんですね。つまり、マスコミに対する、取りつく島のない長州の姿は、あくまで表向きなんだと」

長州の意外な姿は、ほかにもあったという。

「私の提案で行われた選手会主催の腕相撲大会があったんです（93年4月23日、後楽園ホール）。ちゃんと入場料をとってお客さんに観せるもので、私も遠藤光男さんが会長を務めるアームレスリング連盟に、審判のライセンスを取りに行きましたよ。丸一日実技も含めた講義を受けて合格したんですが、その登録料もろもろで、5万円かかったんです。そして当日、大会は全試合ガチンコのトーナメント形式だったんですが、長州が優勝したんですね。すると、審判の資格取得の話を直接は伝えていないのに、長州が『高橋さん、アームレスリングの審判資格取得にかかったお金、僕が出しますから』と言って、その時の優勝賞金を丸ごとくれたんです。賞金の額は、きっちり5万円でした。

また、こんなこともありました。長州が以前、テレビ番組の収録でマダガスカルに行った時の思い出話を控室でしていたんです。とくに橋本に向けて話してたんですが、こう言うんです。『チンタ（橋本の愛称）、マダガスカルにはな、お前の3倍くらいでかいモグラがいる』と。『えぇっ⁉ 本当ですか⁉』って周りにいた全員が寄って来て、『コイツ（橋本）、140キロくらいありますよ！』と。長州は続けて『うん、俺、新しいビジネスを思いついたんだ。マダガスカルに行ってあのモグラを20、30匹捕まえてきて、日本で地下鉄工事をさせるんだ！』と。その時の話の仕方も面白くてねえ。滑舌は悪いんだけど（笑）。本当はユーモアもあって、面白い人間。最近はバラエティーにもよく出ているから、彼の本来の姿が出るといいんですけどね」

本物の親分気質ではなかった

高橋は98年11月にレフェリーを引退し、翌年1月、新日本を離れた。一方、長州は2002年5月に新日本を退団。新団体WJを興したが、WJの活動停止を機に、04年10月から再び新日本へ出戻った。

「（新日本に）出たり入ったりを繰り返してたから、私は彼を当時、〝金の亡者〟扱いしていた部分もあったんです。とくに私なんか、古いタイプの人間ですからね。でも、いま考えると、自分を高く評価してくれるほうに移るっていうのは、海外のレスラーにとっては当たり前のことなんですよね。だから、そこについては、私の考え方も間違っていたかなと思っています。

ただ、これはあくまで聞いた話なんだけど、ＷＪの頃、Ｋ－１の石井和義さんから、長州はボブ・サップ戦をオファーされていたらしいんです。それこそ破格のギャラでね。でも、長州は受けなかった。彼はＷＪという団体の長だったわけだから、そこは、団体を潤すためとか、若手を食わしていくためには、受ければよかったのにとは思いますね。つまり、本物の親分気質ではなかったと思うんです。

そう考えるとね、新日本には真の意味で親分気質だった選手は、誰一人いなかったと言えるでしょうね。よく伝え聞く、天龍源一郎さんのような、度量のでかい選手がね。だから、離合集散を繰り返したのかもわかりませんよね。

それにしても、デビューして44年ですか……。２度目の引退に関しては、心から『お疲れ様』と言いたいですね。もう無愛想な『長州力』の殻は脱ぎ捨てて、明るく楽しく生きてください」

証言

宮戸優光

「墓にクソぶっかけてやる！」言われて抱いた嫌悪感と達成感

取材・文●堀江ガンツ

PROFILE

宮戸優光 みやと・ゆうこう●1963年、神奈川県生まれ。85年に第一次UWFでデビューし、業務提携時代には新日本プロレスのリングにも上がった。新生UWFを経て、91年に髙田延彦らとUWFインターナショナルを旗揚げ。参謀として「1億円トーナメント」など数々の仕掛けを行い、“Uインターの頭脳”と呼ばれた。95年の退団後は料理人を目指し、周富徳の弟子となる。99年にビル・ロビンソンをヘッドコーチに招き、U.W.F.スネークピット・ジャパンを設立（現C.A.C.C.スネークピット・ジャパン）。08年から約4年間、IGFゼネラルマネージャーも務めた。

「あの野郎がくたばったら、墓にクソぶっかけてやる!」

数ある長州語録のなかでも最も強烈な発言のひとつであろう、この言葉を吐かれた「あの野郎」こそ、現C.A.C.C.スネークピットジャパン代表の宮戸優光だ。

宮戸はスーパータイガージムから、1985年9月に第一次UWFでプロレスラーとしてデビュー。その後、新日本プロレス業務提携時代、新生UWFを経て、91年にUWFインターナショナルの旗揚げに参加すると、同団体の実質的なプロデューサーとして数々の仕掛けを行い、〝Uインターの頭脳〟と呼ばれるようになった。

その〝仕掛け〟のなかで、宮戸は新日本の現場責任者である長州力と、たびたび衝突するようになるが、新日本での若手時代はほぼ相手にもされていなかったという。

両者の最初の接点は新日本業務提携時代にさかのぼる。

「長州さんと最初にお会いしたのは、僕がまだプロになる前ですね。前田(日明)さんに個人的にお世話になって、新日本の道場に通わせていただいていた学生時代に、何度かお会いしている。まあ、会っているといっても、道場という同じ空間にいたっていうくらいのものですけどね。

実際に接点があったといえるのは、87年から。UWFと新日本の業務提携時代に、長州さんたちが新日本に復帰された時ですね。ただ、その頃は移動のバスも違いましたし、会場でお会いしても、あの頃の長州さんというのは、我々下の人間が挨拶したところで目も合わせてくれない。完全な無視。そういうタイプの方でしたから。

とにかくまったく相手にされなかったという印象が強いです。同じ向こうのトップでもマサ斎藤さんや、アントニオ猪木さんをはじめ新日本の先輩方は、全然そんな感じはなかったので、特殊でしたね。

その後、長州さんはUWFとの試合でのいざこざで完全にUWFに対して怨念を持ってしまったと思うんですよ。それが新生UWFを経て3派に分かれたとはいえ、Uインターが1年経ち、2年経ち、力をつけていくなかで、新日本との関わり合いが出てきたなかで、徐々に無視できなくなってきたというのか、ほおっておけなくなったんだと思いますね」

アポなしで新日本の事務所に行ったのは、若気の至り

その〝無視できなくなる〟大きなきっかけとなったのが、バッドニュース・アレン移籍問題。そして大きなきっかけとなったのが、92年10月26日の「新日本事務所、アポなし訪問事件」だ。

この年、アメリカのメジャー団体WCWが、一時封印していたNWA世界ヘビー級

王座を復活。提携していた新日本の第2回G1クライマックスは、同時に復活NWA世界王者決定トーナメントにもなり、それに優勝した蝶野正洋が、第79代NWA世界王者に認定された。

それと時を同じくして、Uインターはルー・テーズが永久保持していた、かつてのNWA世界ヘビー級のベルトを、プロレスリング世界ヘビー級王座として復活させる。そして92年9月21日、大阪府立体育会館で行われた新王者決定戦でゲーリー・オブライトを破った髙田延彦が、そのベルトを腰に巻いた。

運命のいたずらか、ルーツを同じくする2人の世界チャンピオンが、同時期に誕生してしまったのだ。

そして、この直後に『週刊ゴング』に掲載された蝶野正洋のインタビューが、大きな波紋を起こすこととなる。

このインタビューの中で蝶野は「他団体の選手と交流戦をやるんだったら、俺は髙田さんとやってみたい。あの人は、どういうレスリングをやっていてもトップを獲れる人だと思うし、世代的にも近い。髙田さんがベルトを持っているんだったら、俺としては統一戦をやってもいいと思っています（要約）」と、髙田との対戦希望を口にしたのだ。

レスラーとしての純粋な気持ちか、それともリップサービスだったのか。いずれにしても、蝶野のこの発言は、ファンに夢を与えるものであったことは確かだ。するとUインターは、これを〝夢〟ではなく〝現実〟にするべく、素早く動き出した。

92年10月26日、Uインターは記者会見を行い、『週刊ゴング』誌上での蝶野の対戦希望発言に対して、「ウチとしては、試合をすることになんら問題はない。新日本のリング、新日本の興行でいいので、ぜひ実現させていただきたい。こちらから金銭的な要求はいっさいありません」と、〝対戦受諾〟を表明。

さらにこの会見終了後、そのまま記者を引き連れ、ちょうど来日中だったルー・テーズとともに、新日本の事務所を訪問。坂口征二社長が不在だったため、倍賞鉄夫取締役に対戦要望書を手渡している。

このUインターのやり方に、新日本側は態度を硬化させたと言われているが、〝アポなし訪問〟の真意を宮戸はこう語る。

「あれはルー・テーズベルト復活の趣旨にかなった蝶野さんの勇気ある発言で、Uインター、新日本両団体は、この勇気ある発言をバックアップして、これまでなかった真の統一戦を実現させようじゃないか、そういう趣旨のものだったんです。

蝶野さんとしては、自分がNWA世界王者になったタイミングで、元祖NWA王者であるルー・テーズさんのベルトが復活した。テーズさんに関しては、蝶野さんも一時指導を受けたことがあったりと、知らない仲じゃなかっただけに、つい口走ってしまったのかもしれない。ただ、こちらとしては、あのような形でマスコミで発言された以上、当然のこととして、動いたわけです。

あの〝テーズベルト〟というのは、『本来、世界チャンピオンとは、あらゆる団体のチャンピオンの挑戦を受けなければならない』という旗印のもとで復活させたもので、実際に蝶野さんが『髙田さんと対戦してもいい』という発言をして、それが雑誌の見出しにまで出ているわけですからね。

あれでウチが黙っていたら、『なんだ、Uインターは自分たちが言い出したことじゃないか』というツッコミも受けたと思う。だからウチとしては、すべての条件を新日本に預けて、その蝶野選手からの提案を実現させるべく動いたわけです。

だから、別にケンカ腰で乗り込んでいったわけではないんですよ。新日本の事務所に行った時も『我々はルー・テーズさんと、〝あらゆる団体のチャンピオンの挑戦も受ける〟という約束のもと復活させたベルトであるから、蝶野さんがウチの髙田と〝やりたい〟発言されたからには動かざるをえません。そのなかで、いまのプロレス界において、この2人が闘うということは、とても有意義なことではないですか』という話をしたのを覚えていますから。

　ただ、テーズさんを引き連れて、突然、アポなしで事務所に乗り込んじゃったのは、たしかに向こうとしたら動揺するし、腹は立ったんでしょう。僕もいまだったら、別の方法を取っていたかもしれないけど、当時は若気の至りというか、熱かったから、直接的な行動に出てしまったんですよね」

バトルロイヤルと3000万円

　この〝アポなし訪問〟の11日後、92年11月6日に新日本事務所で、両団体は改めて話し合いを行っている。新日本側から長州、マサ斎藤、倍賞鉄夫、永島勝司。Uインター側からは宮戸、安生洋二、鈴木健の取締役トリオが会議に臨んだ。

　その場で新日本側から出された条件は、新日本、Uインターの双方から代表者を3名ずつ出して、巌流島でバトルロイヤルを行い、その優勝者が蝶野に挑戦するというもの。

　Uインターにとっては、とても飲めるものではなかった。

「こちらとしては、蝶野さんが『髙田さんとやりたい』と誌面で発言したことを受けて、じゃあ、プロレス界のためにやりましょうということで行ったわけですよ。ところが、向こうは髙田さんが蝶野さんに挑戦をするかのような話にすり替わっていた。こちらからしたら狐につままれたような、どこでどうすればこんな話になるんだっていう。それくらいの驚きだったんです。

あの時の新日本の対応いかんによっては、それこそ東京ドームのメインになってもおかしくない話題だった。これは僕が噂で聞いたことですけど、当時の坂口社長はこの髙田さんと蝶野選手の試合を実現させたいという思いがおありだったとも。

ところが交渉の席に長州さんが出てこられて、当初の話とまったく違うものになってしまった。だから揉めてしまったんですよ。

長州さんは、UWFとの間で起こった試合での怨念があり、さらに我々に対しても〝生意気な若造〟という思いがあったんでしょう。それもあって最初から、〝どうやったら実現させられるか〟ではなく、〝どうやったら話を潰すことができるか〟を考えて、テーブルに着いていたような気がします」

巌流島でのバトルロイヤル、そしてリスク料3000万円という条件自体が、Uインター側に諦めさせるために提示したものとしか思えないようなものであった。

とくに巌流島でのバトルロイヤルは、もちろん普段プロレス興行で行われる観客を楽しませるものではない。観客のいない場所で、3対3の野試合をやろうというものなのだ。

「要は乱闘、ケンカですよね。文字どおり、観客不在のことなんですよ。しかも、それをやるためには、なぜかウチが3000万円を支払わなければならない。どっちにしても考えられない条件なんです」

こうして3時間近くに及んだ話し合いはまとまらず、Uインター側は「一度話を持ち帰って検討します」と、新日本事務所をあとにするが、その後、両団体は完全に決裂してしまう。

「あの会談ではバトルロイヤルと3000万円の条件を突きつけられて、しかもその条件は表に出すなと念まで押されたんですよ。でも、こちらとしても、話し合いを続けるつもりだったから、その出された条件は黙っているつもりだった。ところが、新日本のほうが『Uインターは条件を飲めずに帰っていった』って記者の囲み取材で言ってしまったんですよ。

そう言われたらこちらも『みなさん、こんな条件で受けられると思いますか？』と公開せざるをえない。そうしたら今度は向こうが、『Uインターは約束を守れない、信用できないヤツらだ』と言い出した。でも、約束を守らなかったのはどっちなんですか⁉」

達成感を感じた「墓にクソぶっかけてやる！」

結局、新日本から〝絶縁宣言〟が出される形で話は収束。髙田vs蝶野戦は実現せず、両団体には因縁だけが残ってしまった。

そしてこのアポなし訪問の約1年4カ月後、新日本とUインターの因縁はさらに深まることとなる。

94年2月15日、Uインターは記者会見を開き、優勝賞金1億円の札束を机に並べて「プロレスリングワールドトーナメント」の開催を発表。新日本、全日本プロレス、リングス、パンクラス、WARという、当時の主要5団体のエースに対し、参加要請の招待状を送付したのだ。

「あの賞金1億円という金額は、以前、新日本から提示された『リスク料3000万円』が基準になってるんですよ。プロレス界のリスク料の基準が3000万円なら、賞金1億円であればおそらく納得するだろうと。さらに我々はファイトマネーも1試合1000万円ぐらいは必要だろうと考えていたわけだから」

この手法に再び長州は激怒。記者の囲み会見でUインターと宮戸を徹底的に断罪した。「あの野郎がくたばったら、墓にクソぶっかけてやる！」という発言が飛び出したのはこの時だ。

宮戸は、この長州の発言をどのように聞いたのか。

「もちろん、決して気持ちのいいものじゃないですよ。週プロやゴング、それから東スポをはじめとしたスポーツ紙などを通じて、あれだけ汚い言葉を浴びせられたわけですからね。

ただ、その数年前まで、挨拶をしても目も合わせてもらえなかった人間からしたら、喜びと言ったらおかしいけど、ある種の達成感はありましたね。やっと新日本の現場の大将、長州力を本気にさせたぞ、というね。

やはりUインターの旗揚げ以来、我々は新日本を目標にしてやってきたところがありましたから。新日本に追いつけ、追い越せというのがUインターの原動力だった。こういったら申し訳ないけれど、〝U3派〟と呼ばれたほかの2団体にはまったく興味はなかったし、業界ナンバーワンである新日本を追い越すこと一点に絞ってやってきましたから。

その新日本の現場のトップである長州さんが、本気で怒っているっていうのは、単なる嫌悪感ではない、達成感のようなものがあったんです。

また、フロントの鈴木さんを含め、僕や安生さんは、ヒールになって、他団体のファンからずいぶん嫌われましたけど、髙田さんに関しては人気が上がっていきましたから。そこが機能していることは、僕らが仕事を果たせている自己確認にもなりましたね」

長州が「宮戸みたいなキ○○イがプロレス界にいなくなった」

しかしその後、Uインターは「1億円トーナメント」の不発、さらに安生によるヒクソン・グレイシー道場破りの失敗などもあり急速にファンの求心力を失い、経営が悪化。生き残るための策として、安生と鈴木健が中心となって、新日本との対抗戦の話を進め、95年10月9日の東京ドームで、超満員の観客を集めて全面対抗戦が行われた。ただし、そこにはすでに宮戸の姿はなかった。

「だから長州さんからすると、それまでのUへの怨念を95年の10・9東京ドームにすべて込めて、UWFというものを一気に終わらせようとしたんでしょう。そしてそれを実現できた背景には、もう僕が外されていたということもある。長州さんからしたら、あれだけの興行収益をあげて、Uインターを潰し、宮戸も消すことができたのだから、最高の結果になったのだとは思います。しかし、あれによって、あの日を境に新日本は、自分たちが本来持っていたプロレスの大事な部分まで切り捨ててしまったような気がするんですよ。

僕は、もし蝶野さんと髙田さんの試合が実現していたら、かつての猪木会長がつくった時代のような、緊張感のあるプロレスを蘇らせるチャンスだと思っていたんです。しかし新日本は、UWFとともに、95年の10・9東京ドームを最後として、そういうプロレスを捨ててしまった。自分たちの中にあったそういうプロレスの本質、根っこの部分をも、長州さんの怨念が根こそぎぶった切ってしまった。僕はそんなふうに思っていますね」

インタビューの最後、宮戸はこんな後日談を語ってくれた。

「あれ以来、長州さんとお会いする機会はなかったんですけど、数年前、六本木の居酒屋でたまたま一緒になったことがあるんですよ。目が合ってしまったんで、とぼけるわけにもいかず、長州さんのお席までご挨拶にうかがわせていただいたんです。その時は、『おお、みんな元気にしてるの？』という感じで、当時とは打って変わった穏やかな表情でお話しくださいましたけどね。

実は、いま長州のマネジャーをされている方は、僕がUインター時代に一緒にお酒を飲んだりして、よく知っている人なんですよ。その人からあとでメールで聞いたら、長州さんが『ああいう宮戸みたいなキ○○イがいなくなったから、プロレス界もつまらなくなった』みたいなことを言われていたそうです。その時、『キ○○イ』という表現ではあったけれど、褒め言葉のように聞こえて、うれしかったのを憶えています。あの頃は、Uインター、新日本、僕も長州さんもそれだけ本気だったということですよ。本気だったからこそ、あの時代の新日本とUインターの一件は、いまだにファンの間で語られているんだと思いますね」

「クソぶっかけてやる」発言は、そんな長州の本気の証だったのだ。

「俺の墓にクソぶっかけないと、俺と長州の物語は完結しない」

証言

ターザン山本

取材・文●金崎将敬

PROFILE

ターザン山本 たーざん・やまもと●1946年、山口県生まれ。立命館大学中退。『週刊ファイト』記者を経て、80年にベースボール・マガジン社入社。87年に『週刊プロレス』編集長に就任し、「活字プロレス」と呼ばれる独自のスタイルを確立。プロレスファンからの支持を集め、公称40万部の人気雑誌に。新日本プロレスから取材拒否を受けたのをきっかけとして96年に退社。その後は、フリーランスとして活躍。2007年10月10日には、ジミー鈴木主催の「Diamond Stars Wrestling」でプロレスラーとしてデビューを果たす。「パピプペポ川柳」の普及にも尽力中。

公称40万部を誇った『週刊プロレス』編集長として、プロレス業界に絶大な影響力を誇ったターザン山本。長州力とは、プロレスラーと記者という関係性でありながら、様々な場面で対立。とくに山本が編集長を降板する直接の原因となった1996年の「新日本プロレス取材拒否事件」では、長州がその黒幕とされるなど、2人の遺恨は根深いものがあった。

長州のプロレス人生に深く関わり続けてきた〝仇敵〟ターザン山本が「革命戦士」の正体を総括した。

長州は俺にだけイライラし続けている

「いま俺が言いたいのは、長州はもっと不機嫌になってほしいってこと。彼は、昔からマスコミに対してもよく八つ当たりしてたじゃない。いきなり『ガーっ！』て吠えたり、かと思えばムスっとしてずっとダンマリを決め込んだりとか。長州というプロレスラーは、基本的にマスコミ嫌いで、いつも不機嫌オーラを立ち昇らせてたわけだよ。それだったら、その態度を最後まで貫いてほしい。最近はなんかヘラヘラしてお笑い番組に出たりとかしてたじゃない。あんな長州にはもう大失望だよ。

長州が革命戦士として闘いを繰り広げて、新日本の現場監督として睨みを利かせていた頃を知る者としては、近年のタレント化した長州は見ていられない。

逆にいえば、あの頃の長州がイライラ、ギスギスしてたのがフィクションだってことになる。プロとして、そりゃないぜってことだよね。この世界はフィクションがいちばん価値があるんだから。最後まで、そのフィクションを維持し、継続するのがプロなわけ。俳優でいえば、高倉健さんとか、渥美清さんみたいな生き方。死ぬまでどころか、死んでもイメージを貫いていくというのがプロの使命だよ。そういう意味では、俺はまだフィクションの世界で生きてるからね。俺はずーっと変わってないし、ストイックなんだよ。

長州はもう満たされてしまったのかもしれないけど、『ターザン山本』という言葉を聞いた時だけは、まだイライラが残ってると思うよ（笑）。彼は俺にだけイライラし続けている。あとの人たちとはだいたい和解してるわけ。リング上でも外でも、さんざんケンカしたり揉めたりしたんだけど、握手したりトークショーやったりしてるでしょ。でも俺とは和解しないんだよ」

「噛ませ犬」はアングルじゃなく、ナマの不満の爆発

ターザン山本が『週刊ファイト』の記者としてプロレス業界に関わるようになった

のが77年。ちょうど吉田光雄が長州力に改名した時期だった。

「吉田光雄の時は、まったくブレイクしなかったからね。レスリングのオリンピック代表ってことで新日本に入ってきて、期待が大きかったけど人気がなかった。で、全日本プロレスではジャンボ鶴田が同じような肩書で入団してきて、すぐにスター候補になったじゃない？　それが長州にとってはコンプレックスだったんだよね。でも、仕方ないよ。長州はタッパがないし、脚も短いし、顔もマズい。要するにスター性がない。会社としても売り出し方がわからないんだよ。

長州は地味な中堅レスラーとして試合を重ねていた。実力はあっても、レスラーは売り出されるかどうか、チャンスを与えられるかどうかがすべてなわけだよ。そういった意味でいうと、長州は一度も会社から売り出されたことがない。それで彼は腐ってメキシコに行ったんだよね。

この頃の長州は鬱病。彼がいつも自分で言ってたのは『不遇の時代だった』と。もう嫌気がさして、新日本ではやっていけない、約束が違うと。つまり、入門した時は、オリンピック選手ということで鳴り物入りだったのに、入ってみたら、全然プッシュされない。

新日本は、道場が基本というか、道場で叩いて叩いて這い上がってくる者を上げてくじゃない。そういう意味では、長州は入門した時に手形を与えられたんだけど、それが全然実行されなかったということで、拗ねまくってたわけだよ。メキシコに行って、チャンピオンになって帰ってきたから、これで持ち上げられると思ったら全然その気配がない。それでついに長州の堪忍袋の緒が切れて、『噛ませ犬』発言になった。だからあれはアングルじゃなく、ナマの不満が爆発したんだよね」

そんな長州に対し、山本はマスコミとして、どう対峙していたのか。

「『噛ませ犬』までは、記事にならないよ。だってなんにもないんだから。でもあの発言で、初めて長州の出番が来たわけだよ。つまり、藤波辰爾というジュニアヘビー級のスターがいたわけじゃない。新日本としては、猪木さんの大人のプロレスから、子供たちに夢を与えるためのプロレスをやろうと。大人ばっかり呼んでたら会社として行き詰まるから、政策転換をやるために藤波を次のスターにしようと思った。その藤波に噛みついたことで、長州という腐った男が一気に持ち上がった。これには俺も興奮して、だったら長州を売りまくろうと。長州の言葉をピックアップして、書きまくりたいと思って、俺は自分から長州番に手をあげたんだよね」

取材拒否はジャパンプロレスの頃から

週プロ記者として、山本は長州担当になった。記者として長州を売り出そうとする山本に対して、長州はどんな態度だったのか。

「いや、態度もなにも変わらないよ。こっちも『売り出すから仲良くしよう』とか、絶対に言わないから。週プロとしては、長州を売り出すよっていう無言のメッセージを送るわけじゃない。それを察して、長州もいろいろしゃべるから、俺もガンガン載せていくっていう流れだよね。

長州はああ見えて名言を吐くんだよ。もう名言製造機。なんで藤波に噛みついたのかって聞いたら『藤波に対するジェラシーが、俺にああさせた』とか、面白いことを言うわけよ。『マット界に非常ベルが鳴ってる』とか『この世界はチェーンが外れてガタガタになってる』とか、そういう見出しになるような言葉のセンスがあったよね。あの頃の長州の言葉にセンスがあったのは、それまでメインストリームにいなかったからなんだよね。下のほうで鬱屈してたから、それだけ業界がよく見えてて、状況に対する批判が客観的にできたってことだよね。だから、彼がスターになればなるほど、言葉も弱くなっていって、体制批判もしなくなってつまらなくなっていった」

長州はファンの支持を集め、革命戦士としてマット界の中心に躍り出たが、山本と長州の間には隙間風が吹き始めていた。

「ジャパンプロレスができた頃に、パキスタン遠征に行ったんよ。その遠征帰りの成田空港で長州は『ゲームオーバー』と言って新日本を辞めるという宣言をしたんだよね。その頃から、俺はなぜかジャパンプロレスの加藤（一良）さんから記者会見に呼ばれなくなった。『あんた来ちゃダメだって』。だから、個人的には、この頃からすでに取材拒否を受けてたんだよね」

長州より馬場。長州より前田

84年9月21日、長州は新日本を退社。ジャパンプロレスとして全日本プロレスへの参戦を開始する。

「俺はもうこの頃の長州には注目しなくなったね。なんで全日本に行くんだって思ったし、全日本に行った時点で、もう新しいものは生まれないと思った。俺は全日本の体質も全部知ってたから、あそこに行ったら堕落するだけ。はっきり言って、期待するものはなにもないわけよ」

長州率いるジャパンは、わずか2年ほどで全日本を離脱。87年には新日本にカムバックを果たした。

「長州が新日本プロレスに戻ってきた時が、俺と長州の最大の、そして決定的な軋轢(あつれき)を生むことになるんだよね。俺はあの時に、長州を取るか、馬場さんを取るかの選択をした。普通だったら長州を取るわけよ。新日本に出戻りするなんて最大のスキャンダルだし、どう転んでも話題になるから、雑誌も盛り上がる。でも俺は、長州を取らないで、馬場さんを選んだ。なぜなら、ここが馬場さんと接近する最大のチャンスだと思ったんだよ」

後年、山本は馬場のブレーン的な存在に収まり、それに対する金銭的な報酬も受け取っていたと告白している。しかし、この時はまだ馬場や全日本と金銭的な繋がりはなく、マスコミとして純粋なスタンスで馬場に接近したという。

「長州が全日本を離脱したのが87年の2月で、俺は4月に週プロの編集長になった。立場的には長州を取り込んで、バーって推して、新日本の内部抗争を誌面で展開したほうがいいんだよね。でも、俺は馬場さんを取った。

もちろん戦略的な意味もあった。ライバル誌の『週刊ゴング』は長州と新日本を扱うだろうから、これを機に週プロとして全日本に近づいておこうってことだよね。

ただ、俺は個人的にも馬場さんに近づきたかった。馬場さんのプロレス観というものに対して、興味と好奇心がものすごかったわけだよ。

長州が去ったあとに全日本では天龍革命が立ち上がるじゃない。俺はそっちに乗ったんだよ。結果的に、長州の復帰劇は、新日本だけじゃなく、全日本にも熱を生んだんだよ。長州のことは、新日本担当の記者に振って、俺は取材に行かなかった。新日本は猪木、坂口(征二)、長州、前田(日明)、藤波で世代闘争が始まるんだけど、記事はガンガン書いてたよ。取材してなくても展開や物語は書けるから、ドラマチックに盛り上げてた」

新日本復帰後、長州は「俺たちの時代」をブチあげ、再び新日本の中心となっていった。しかし、山本率いる週プロの方向性が、この頃から新日本という会社に対して、少しずつストレスを与えることになった。

「もう長州のことなんて面白いと思ってなくて、この頃は前田日明だよね。前田はすごい、面白いって、バーンと表紙にするわけ。顔面襲撃事件の時も前田。徹底的に前田擁護。前田が正しくて新日本は間違ってるって、そのこじれた関係性をバンバン書いて盛り上げた。前田を亡き者にしようとしてる新日本はイズムを失った、とかね。プロレスマスコミというのは、団体がやろうとしているアングルに沿って記事を書くものなんだよ。それは絶対的なルールだった。でも、週プロは、アングルに沿ったように見せて違うことを取り上げる。だから団体は嫌がるわけ。俺は団体が仕掛けたアングルから漏れた、アクシデントのようなものを大きく取り上げていってたから」

長州は自分と癒着しないヤツと揉める

90年代に入り、長州は現場監督として新日本内での影響力を増し、一方の週プロも、公称40万部雑誌として業界、ファンへ大きな影響力を持つようになっていた。しかし、絶頂期を迎えていたこの時期、両者の溝は深まっていくばかり。長州は「プロレスマスコミは東スポ以外いらない」と発言した。

「俺は長州と癒着しなかったから。長州はね、自分と癒着しないヤッとは揉めるんだよ。たとえば、橋本真也とか、西村修とかと、あのあたりの選手が揉めたのは、長州と癒着しないからだよね。

長州は『俺が現場監督やってるんだから従えよ』っていう圧力をかけてくる。でも長州の感性とか、言い方に対して、本能的に反発する橋本とか、従わない西村とは相性が悪いんだよ。あと、北尾光司とか小川直也みたいなスポーツエリートとも長州は合わないんだよね」

プロレス界というのはマスコミとの癒着で成り立ってた。でも週プロはそれにノーと言ったわけ。俺は団体のほうを向かずに、読者が不満に思ってること、読者が望んでることを書くわけじゃない。長州からしてみれば、それは余計なことだと言うんだよ。週プロがそういうことを書くとファンの頭がよくなる。そうすると、俺たちのビジネスがやりづらくなる、と。この考え方が取材拒否に繋がっていくんだよね」

「取材拒否」の本当の理由

96年3月、新日本は週プロに対して取材拒否を通告。これは前年4月2日にベースボール・マガジン社が主催し、東京ドームで開催されたオールスター興行「夢の架け橋」に対して、長州が危機感を抱いたことが発端ともいわれている。

「あの時の取材拒否は、長州の意向もあったと思うけど、実際には永島さんが仕掛けたんだよね。永島さんは東スポ出身だから、俺や週プロに嫉妬してたんだよね。東スポっていうのは大本営発表の極致で、団体側に沿ったことしか書かない。だけど週プロは書きたいことを書くし、東京ドームで興行をやったりするから、そんな勝手なことさせないって思ったんだろうね。永島さんは、マスコミ人として俺に対してライバル心を持ってるから。それが取材拒否の引き金を引かせたんだと思う」

永島は、取材拒否のきっかけとして「週プロに『地方興行で手を抜く新日本プロレス』という記事が載ったから」と語っているが、実際にこの記事が誌面に掲載されたのは取材拒否のあとである。

また、週プロがK-1などの格闘技興行の情報を載せていることに対して、長州が抗議したからともいわれている。

「俺は、あの頃のK-1はプロレスだと思ってたからね。興行として、こっちのほうが面白いよって、プロレス界に危機感を与えるという意図もあった。でも俺はあの頃から『これからプロ格の時代になる』って言ってたじゃない。プロレスと格闘技が融合していくよって。それも長州にとっては気に食わなかったんだろうね。あの頃は格闘技とプロレスを並べちゃうと、プロレスは下に見られるっていう雰囲気があったし、長州も真剣勝負である格闘技に対してコンプレックスがあったんだよね」

週プロは取材拒否に対して態度を改めず、96年4月の新日本の東京ドーム大会を、記者が普通にチケットを買って観戦して記事を執筆。表紙を含めて試合写真をいっさい使用しないで構成した「文字だけ増刊号」を発行するなどして対抗した。

「あの増刊号は話題になったからみんなの記憶にあるけど、雑誌自体は売れなかったんよ。こちらも売れると思ってないから、普通だったら増刊でも20万部くらい出してたけど、その4分の1くらいしか刷ってない。あれは、売れる売れないは別で、自分たちのポリシーとしてやったわけ」

しかし、取材拒否による週プロの部数減に歯止めはかからず、その責任を取る形で山本は週プロ編集長を辞任。ベースボール・マガジン社も退社することになる。

「後悔はまったくなかったよね。俺は編集長としてやりたいことをやったし、辞めても俺自身はなにも変わらなかったから。それにくらべて長州は言ってることもやってることも変わりまくってるのが許せない。

長州には、ターザン山本を追い込んで抗争したことに対して、ちゃんと落とし前をつけろって言いたいよ。長州は『死んだら墓にクソぶっかけてやる!』っていう、すごい名言があるじゃない。ぶっかけるのは宮戸（優光）さんの墓だけど、だったら俺の墓にもクソぶっかけてほしいよ。そこまでやってくれないと、俺と長州のストーリーは完結しないんだよ」

「反長州イズムがあったからこそ、私はここまでこれた」

証言

西村 修

取材・文●ジャン斉藤

PROFILE

西村 修 にしむら・おさむ●1971年、東京都生まれ。90年に新日本プロレスに入門。翌年の飯塚孝之戦でデビュー。98年にガンが発覚したが、食事療法で克服。2006年に新日本を退団し、無我ワールド・プロレスリングを旗揚げするが、翌07年には全日本プロレスへ移籍。11年に文京区議会議員選挙に初当選。23年4月から4期目を務める。現在も現役レスラーとして、フリーの立場で全日本を中心にスポット参戦中。

90年代の新日本プロレスを現場監督として仕切っていた長州力を「独裁主義者」と呼び、長州体制に反抗していた西村修。なぜ大先輩レスラーである長州力に対して、いちレスラーだった西村はそこまで歯向かっていたのか――。

「私自身、プロレスを見るようになったのは小学5年生くらいなんですが、ちょうど藤波（辰爾）さんと長州さんの試合がゴールデンタイムでやっていた頃なんです。新日本を見始めた理由というのも嫌いな選手がいて……それは長州力が気になったのがきっかけなんです。長州さんのことはファン時代から嫌いだったんですが、あの人は試合でコテンパンにやっつけられないじゃないですか。ものすごく元気がありましたもんね。だからこそ余計にアンチ維新軍になったんです。本当に嫌いで嫌いで仕方ないんですけど、逆にその存在が気になってしまう」

“長州チルドレン”になればチャンスをもらえた

西村は1990年4月、新日本プロレスに入門。長州とは、いわば上司と部下の関係になるもアンチ維新軍の炎は消えることはなかった。

「私が90年4月2日に新日本の道場に入門したその時の状況というのは、猪木さんは参議院議員になられていまして、坂口（征二）さんは新日本の社長でどちらも大きな大会にしかいらっしゃらない。藤波さんは腰をケガされていて欠場中。それはもう新日本は長州さんたち維新軍に乗っ取られてるようなもんだったんですよ。現場責任者が長州力、外国人レスラーのブッカーがマサ斎藤さん、そして審判部長がタイガー服部さん。道場は馳（浩）さんと佐々木（健介）さんが仕切っていました。毎日14～15時頃になると、長州さんとマサさんが六本木のオフィスからやってきて、道場を占領して若手が立ち入ることができない雰囲気になってるんです。すべてが維新軍。これには私は納得がいかなかったです。やっぱり感覚的にはアンチ維新軍っていうファン心がありますからね。先輩なので頭を下げなきゃいけないんですけど、維新軍に頭を下げることに違和感はものすごくありましたね」

現場監督・長州に仕切られていた新日本ではあるが、3人寄れば派閥ができる、と言われるように反長州派閥も存在していた。

「私はなにもわからないただの一介の若手にしかすぎないのに、『この人とこの人は仲が悪いんだな』っていうのは道場にいればすぐにわかりましたね。会場に行ったら行ったで、3部屋あるとしたら自然と手が合う人と手が合わない人で部屋に分かれました。たとえば長州さんと橋本（真也）さんは絶対に一緒の部屋にはならなかったですし、腰のケガから藤波さんが復帰されても長州さんと同じ部屋にはならなかったです。武藤（敬司）さんや蝶野（正洋）さんのお二方は誰にでもうまく大人の付き合いができるんですね。派閥よりも自分自身のことを最優先に考えられる方でした」

91年4月21日にデビューした西村は表向きは長州体制に従いながら、胸に秘めていた反抗心を隠せなくなる。それは西村の体つきにも理由があった。

「デビューしてからだんだんとチャンスをいただいたんですが、私は186センチと上背はあったものの、体が細くなかなか大きくならなくてパワーファイター向きではない。天山広吉、小島聡、永田裕志、中西学……当時の若手はパワーファイターだったり、アマレスの長州イズムを感じさせる選手ばかりなんですね。あの頃の若手はみんながみんな長州さんの分身みたいでしたよ。ちょっとだけ後ろ髪を伸ばして、ラリアットとか長州さんの色が強い技にこだわって。そうやって長州チルドレンになれば、どんどんチャンスをもらえていたところもありましたしね。

当時の私は82、83キロしかなく、そこらへんの素人と同じような体つきだったので、ラリアットなんか使えるわけないんです。それに他人と同じことをやるのは嫌だという考えもありましたから、アンチ長州の考えがどんどん強くなっていきました。だけど、自分がなにを求めてやっていけばいいのかはわからない。

そんななかでヤングライオン杯準優勝のご褒美として、アメリカのフロリダ・タンパに武者修行に行くことになったんです。タイガー服部さん経由でヒロ・マツダ道場に入門して体を大きくしてこいと。ただ、当時のフロリダはＷＷＥにテリトリーが買収されたことで、目ぼしい団体は活動してなかったんです。超弱小のインディー団体で1試合10ドルで試合する経験はありました。だから来る日も来る日もマツダさんのところでレスリングの練習をするか、ゴールドジムでウエイトトレーニング。将来がものすごく不安でしたね。ゆくゆくは凱旋帰国しなきゃいけないじゃないですか。それなのに試合の場数が圧倒的に足りない。ヤングライオン杯優勝者の天山はオットー・ワンツさんのＣＷＡで大成功してるのに、私だけはフロリダで野放し状態。体重は97、98キロにはなったものの、場数を踏めずに時間だけが過ぎていったんです」

長州がブチ切れ、給料もストップ

フロリダではろくに試合経験は積めなかったが、西村にとってヒロ・マツダとの出会いはその後のプロレスラー人生を運命づけるものとなる。

「試合の機会には恵まれず焦っていたんですが、マツダさんの綿密な理論型プロレスの虜になっていったんですね。プロレスとは相手との駆け引きの勝負であって、徐々に試合を盛り上げていくもの。首だったら首、足だったら足をずっと攻める。力だ、気合だっていうことは長州体制の道場でずっと教わってきましたけど、マッダさんの前ではそんなものはまったく通用しないんですよ。『いままでアナタはなんの勉強をしてきたんですか?』って散々怒られて。ヘッドロックやフライングメイヤーという基本技はどう動いてどう利かせてどう固めるのか。マッダさんからひとつひとつ丁寧に教わったために、コブラツイストやブレーンバスターを教わるまでにかなりの時間がかかりました」

ハルク・ホーガンや武藤敬司を一流レスラーに導いた名伯楽ヒロ・マツダとの出会い。当時の新日本道場では得られなかった技術に触れたことが、結果的に長州との衝突を生むことになる。

「最初に長州さんとぶつかったのは、フロリダ海外修業を終えて日本に帰国する、しないで揉めた時ですね。あれは94年のことです。会社から帰国命令が出たんですが、私は断固として拒否しました。

それはただわがままを言ってるんじゃなくて、体は97、98キロになったものの、先ほども言ったように試合数が圧倒的に足りないからです。このまま日本に帰って失敗したら、もうチャンスはもらえないじゃないですか。別に必殺技が増えたわけでもないし、ファイトスタイルが明確に固まったわけでもない。ここで日本に帰ったらレスラーとしては永遠に自分自身のカラーを見出だせないまま二流、三流、四流……のまま終わってしまうんじゃないか。そう思ってクビ覚悟で帰国を拒否しました。

会社としては私と天山と金本（浩二）にトリオを組ませるプランがあったんですが、それに私が乗らず国際電話で2時間近く話をしました。長州さん、永島（勝司）さん、坂口さん……代わる代わる私を説得しようと電話してきたんですが、最後に長州さんがブチ切れちゃって『勝手にしろっ！』と。そこから給料もストップですよ」

帰国命令を拒否した西村は、新日本のサポートを受けず放浪の旅に出る。

「乞食になってもいいから、プロレスをもっと勉強したい気持ちが満タンだったんです。フロリダでは試合がないものですから、トラックを借りて荷物を積んで、3日間かけてニューヨークに移って、ものすごいオンボロアパートに住んで。

ニューヨークには毎週末に試合があって1試合100～150ドルはもらえるから、月に1200～1300ドルは稼げる。それだけではアパート代とメシ代にも足りないので、山崎五紀さん（元・全日本女子プロレス）の日本食レストランのウエイターと皿洗いをやったりしていました。

そんな生活を半年くらいした時です。議員だった猪木さんがたまたま国連の会議に出席するためにニューヨークにいらっしゃったので、お会いしてお話しさせてもらったんです。猪木さんが関心を寄せていたエネルギー開発の話から、ビリー・ライレー・ジムの話まで。そんな猪木さんのお話を聞いて、より素直にプロレスラーとしての技量を高めたい、新たな旅に出たいという気持ちになりました。

　ニューヨークのインディー団体の試合も行き詰まっていたんですよ。初期ECWにも出てましたけど、みんながハイスパートレスリングになってましたから。そんな時に猪木さんの『勉強するならヨーロッパも悪くないぞ』という一言がありまして。いろいろ調べたら、それこそイギリスにはビリー・ライレー・ジムもあるし、オランダにはリングスに出ているクリス・ドールマンの道場もある。オランダは格闘技のメッカですから、オランダからゆくゆくはイギリスに入ろうと。

　ドールマン道場にはすぐに受け入れてもらいまして、1カ月間、毎日通って。そこでドールマンさんに言われたのが『違う技術を学びたいならカナリア諸島に総合格闘技の道場もあるから』と。もういろんな可能性が広がってきてて、後ろには引き返せなくなったんですね」

みんないい子ちゃん、みんなイエスマン

　ニューヨークからオランダに向かい、そこからイギリスに渡った西村は、ツテをたどってイングランド北部のウィガンにあったビリー・ライレー・ジムを探し出す。

「持ち物はボストンバッグひとつ。ウィガンの駅を降りて1時間近く歩いて、ビリー・ライレー・ジムの道場主ロイ・ウッド師範代と出会いました。ランカシャースタイルは、ねちっこい関節技の攻防が主で、一見したら普通の道場のスパーリングなんですけどね。そこで練習していた人間をのちに藤波（辰爾）さんが立ち上げる『無我』に呼ぶことになるんです。

ヨーロッパに渡る前のニューヨークで藤波さんに会う機会がありました。藤波さんは『いまのプロレスは技がエスカレートしすぎている』とプロレスの将来を憂いてまして、無我の構想を聞かされてたんです。

失礼ながらも藤波さんとはレベルもキャリアも違うのにもかかわらず、私自身、長州さんがやろうとしていたプロレスとは合わないので、藤波さんの考えと合致しました。ヨーロッパにいる時も藤波さんとは常に連絡を取り合っていて、『イギリスでランカシャーレスリングを見つけました』と報告したら、藤波さんがすぐに飛んできまして、『西村、これこそがプロレスの原点だ。俺たちはいまのプロレス界にはない新しい団体を立ち上げるぞ』と」

95年10月29日、藤波は新日本に所属したまま、古き良きプロレスへの原点回帰を掲げた自主興行「無我」を開催する。藤波に賛同した西村もそのリングに参加するが、その前に帰国命令を無視したことで関係が途絶えていた新日本に凱旋する。

「2度目の帰国要請があったんです。今度のSGタッグリーグ戦で武藤さんのパートナーに抜擢するけど、帰る気はあるのか？　と。自分の進むべき道が見えつつあった私としても、そろそろ帰国することにしたんです。

ところが公開処刑のごとく長州さんにやられましたねぇ。広島グリーンアリーナ、1万2000人のお客さんの前で、相手は長州さんと佐々木さんのタッグマッチ。なにをやられたかといえば、長州さんのラリアットって腕がぶっとくて受けるのが大変なんですよ。胸を当てるわけでもなく、顔を当てるわけでもなく、首に合わせたつもりが、あのでっかい腕をアゴにドカンと入れられて、そのままマットに頭を打ちつけて完全に脳震とう。私も若手の頃から脳震とうは何度も経験してるんですけど、28年間のプロレス生活のなかでいちばんひどい脳震とうでした。右にあるものが左のほうに見えて、左にあるものが右にあるような……グルングルン目が回っちゃって。

そのまま長州さんがカバーをしたら私はKO状態なのでスリーカウントは間違いなく入るんですが、ご丁寧に長州さんは佐々木さんにタッチして、そこからさらに佐々木さんはドカーンとパワーボム。それでもフォールしない。そんな目に遭った若手は私以外、見たことないですね。そこまで長州さんに歯向かう勇気があるヤツはいないですよ。みんないい子ちゃん、みんなイエスマン。長州さんに歯向かったことがあるのは私と大谷（晋二郎）だけじゃないですか」

巡業中に長州と口論になった大谷は、長州の「いますぐ帰れ！　辞めろ‼」の言葉を受け止め、退団を決意して控室を飛び出すが、周囲に制止されて踏み留まるという事件を起こしていた。一方、西村は脳震とう事件以来、リング上で長州と肌を合わせる機会はなかった。

「新日本は無我で食ってんじゃねえんだ！」

「それから長州さんと闘う機会はなかったんですよ。6人タッグとか組んだりすることはあったので、気味が悪かったんですけどね（笑）。それよりもリング上ではチャンスをいただいてたんですが、私のキャリアやスキルではなにもできてない日々が続きまして。

そんな時に長州さんから『お前、もう1回海外に行く気があるか？』と。『ぜひ、お願いします！』ということで向かったのは、カルガリーの大剛（鉄之助）さんの道場と、オットー・ワンツのCWAなんです。

のちのち考えると、私は長州さんに4回、渡し船をいただいているんですよね。まずひとつ目は新弟子の頃、ガリガリの体だった私にレフェリー転向の話も出ていたらしいんです。でも、長州さんの『あいつを使ってみよう』という鶴の一声で、地元は東京なのに沖縄の糸満市でデビューすることになって。

2つ目は、ヒロ・マツダさんの道場で体を大きくしてこいと。3つ目は、帰国して鳴かず飛ばすで結果を出せない私にヨーロッパに行ってこいと。4つ目は、私自身が病気（ガン）になってしまって、療養しなきゃいけないという理由もあったんですけど、ドリー（ファンク・ジュニア）さんや（カール・）ゴッチさん、往年の名レスラーの方々から直接の指導を受けて技術を身につけながら、新日本とアメリカを行き来する。そのために外国人プロレスラーと同じ契約を結んでもらったんです。全部長州さんからチャンスをいただいたんですね」

長州は現場監督として、西村修というプロレスラーを買っていたのだろうか。

「いやあ、私のようにラリアットを使わない、パワーボムも使わない、逆さ押さえ込みを使うようなプロレスは長州さんは大嫌いなんですよ。それでも4度のチャンスをいただいたことは本当に感謝しかないですが、私は藤波さんのほうについたじゃないですか。長州さんに呼び出されて『お前、無我ってなんなんだ⁉』って軟禁状態にされたことがありますね。

あの時は長州さん、永島さん、越中（詩郎）さんの3人にものすごく怒鳴り散らされて『新日本は無我で食ってんじゃねえんだ！』ってギャンギャンと。私は会社のお金の行方はなにも知りませんでしたから、新日本もよかれと思って無我をやってると思いきや……長州さんも一生懸命に渡し船を出したのは、私のことをなんとかしたいと思ったんでしょうけど。それなのに藤波さんに行っちゃったことで、許せない感情もあったんだと思いますよ」

長州さんと同じ空気を吸うのも嫌でした

こうして反長州の姿勢が西村修というプロレスラーという形をつくりあげたように、当時の新日本はリング外の主導権争いがそのままリング上の抗争として激しく奏でられていた。つまり覇権を懸けた本物の闘争だったからこそ、長州は格下も格下である西村や大谷にも平気で噛みついてきたのだろう。

「あの頃を思えば、いまのプロレスって良くも悪くも変わっちゃいましたよね。アングルって言葉をみんなが平気で使う時代じゃないですか。そのアングルをプロデューサーがつくるのか、ブッカーがつくるのか……ではなくホントの憎しみ合いでストーリーができてましたからね、昔のプロレスっていうのは。ホントに憎たらしい人間同士で、ホントにぶつかりあう。それはプロデューサーがつくるストーリーラインではないわけですよ。

だから昔の現場はすごくピリピリしてましたよね。私は長州さんと同じ空気を吸うのも嫌でしたから、私や金本なんかは巡業中は長州さんの乗るバスではなく、電車で移動することも多かったです。そうしたくなるほどバスの中からドライブイン、ホテル、会場まで……24時間ピリピリしている。文京区議会議員選挙どころの闘いじゃないんですよ（笑）。

でも、そうじゃないとプロレスじゃないんですよ。私情も含んでの憎しみがあって、本当に事件を起こして闘っていく。私がガンであることを『週刊プロレス』の別冊で告白しましたが、あれは会社に許可を取らないで勝手に発表したんですから。当然ものすごく怒られましたけどね。

でも、そうやってなにか起こして闘っていくのが猪木イズムであり、そういうプロレスをやらせれば猪木さんはピカイチのスーパースターでしたし、長州さんもその感性と才能を持っていらっしゃいましたね。だって、長州さん本人もいきなり団体を辞めたり、戻ったりして、散々好き勝手なことをやって上りつめたわけですからね（苦

笑）。テレビ局や団体を大きく動かしてきた長州さんとくらべたら、私がやったこと

なんか足元どころか、足の裏の皮にも及びませんよ」

長州力というプロレスラーは本当に油断できない

リング内外の闘いを制し、90年代の新日本を隆盛に導いた長州だったが、復権を狙うアントニオ猪木との政治闘争に敗れ、猪木への恨み節を吐き捨てて新日本を去ることになった。西村いわく「新日本を乗っ取っていた維新軍」のメンバーも、ほぼ姿を消していく。

「新日本を辞めたのは長州さんらしいといえば、長州さんらしいし、出て行ってくれてよかった……なんて現場の声もあるわけですよ。

長州さんのあとは蝶野さんが現場を仕切るようになったんですが、蝶野さんの横には上井（文彦）さんがいて、そのルートでU系レスラーがガチャガチャ入ってきたんですが、ハッキリ言って邪魔でしたね。プロレスを知らないんですから邪魔です。長州さんも邪魔でしたけど、敵になりえましたから。みんながナアナアでは闘いは生まれないんですよ。

人間的にはどうかと思いますが、100かゼロかっていうのがプロレスラー長州力

のいいところ。みんなに優しくじゃなくて、これは好き、あれは嫌いとドーンと打ち出す。あんなにわかりやすい人はいませんよ。あんなに好き嫌いが激しいのは、日本人1億2000万人の中で3位以内に入ると思いますよ（笑）。それくらい長州さんは好きも嫌いも激しいし、だけど時代を読む力もある。相当頭がいい方だと思いますよ」

長州力が嫌いでプロレスに熱中し、長州力が嫌いで自分のスタイルを探し続け、長州力が嫌いゆえにプロレスラーはどう闘っていくべきか、を深く考えるようになった西村は、いまだにアンチ長州を心に秘めている。

「反長州は変わらないですよ。ものすごく嫌いですし、青春時代からなにからなにまである種の反長州イズムがあったからこそ、ここまでこれたところもあります。19年になっても長州力には興味津々です（笑）。長州さんがクラシックなプロレスをやったら私はなにをやればいいのか。

最後に会ったのはいつだったか。どこかの会場でお会いしたんですよ。挨拶したら、ちょっと一瞬ニコッとした表情で握手してきたのは憶えてますけど。……まあ、不気味ですよね。長州力というプロレスラーは本当に油断できないです」

「WJをダメにしたのは、『長州力で稼げる』と思わせた俺」

証言

大仁田厚

取材・文■早川満

PROFILE

大仁田 厚 おおにた・あつし●1957年、長崎県生まれ。73年、全日本プロレスに入団もケガで85年に引退。89年にFMWを旗揚げし、デスマッチ路線で大ブレイク。「涙のカリスマ」と称される。95年、弟子のハヤブサと川崎球場で闘い2度目の引退。その後、復帰、引退を繰り返す。99年1月4日、新日本プロレス初参戦。2000年7月には長州力との電流爆破マッチを実現させた。01年7月、参議院議員選挙に当選。17年10月、通算7度目の引退試合。18年9月28日、ボランティアレスラーとして7度目の復帰を果たした。

これまでに7回の引退とカムバックを繰り返してきた大仁田厚。2018年9月に復帰してからは〝プロ〟レスラーならぬ〝ボランティア〟レスラーを名乗ってリングに上がっている。

そんな大仁田が、〝6月26日、長州力引退〟の報に接してなにを思うのか。

「俺が長州さんの引退についてなにか言うってのもアレなんだけどさあ。やっぱりプロレスラーに引退はないんですよ。プロレスの妙な魔力っていうのかなあ。リングに上がってお客さんから喝采を浴びたその時の快感っていうのは、ほかでは味わえないものだから。

ただ長州さんの場合は俺とは違って、ファイトスタイルとかキャラクター的なものもあるし、今回の引退からの再度復帰っていうのはないんじゃないかなあ。

まだ1回目の引退の時は体も動いていただろうし、現場監督ということで若手の試合なんかを見ていてフラストレーションの溜まることが多かったと思うんですよ。だけどもういまは年齢的、肉体的なものもあるだろうから」

98年1・4東京ドーム大会で引退した際には現役復帰を完全否定していた長州だが、そのわずか2年半後、大仁田の挑発に乗る形で2000年7月30日に復帰を果たすことになる。

「長州の現役復帰は新日本と大仁田が組んだ出来レースだった、と思っているファンもいるみたいだけど、そうじゃない。新日本内部での話がどうなっていたかは知らないよ。だけど少なくとも俺に対しては試合がいよいよ決まるという時まで、やるのかやらないのかを知らされることは本当になかったですよ」

「狙うは長州の首ひとつ！」は完全なアドリブ

新日本への参戦は大仁田のほうから持ちかけたものだった。

FMW内部でのハヤブサや冬木弘道との対立が深刻化し、いよいよ「大仁田追放」が現実的になったことから、次に闘う場所を探す必要があったのだ。

「（99年1・4東京ドームの）佐々木健介戦で新日本のリングに俺が上がるちょうど1年前の1・4で、実は猪木さんとやるとかやらないとかっていう話があったんですよ。いろいろと交渉をしていくなかで『2つのリングをつくって』だとか『ハシゴを使って』とかややこしい話になって、そんなんだったらもういいよってことで、結局、猪木戦はなしになったんだけどね。

当時の俺のマネジャーのほうでその時の新日本とのパイプが残っていて、それでマネジャーから新日本のマッチメイクを担当していた永島さん（勝司。当時の役職は企画部長）にコンタクトを取ってもらって、新日本参戦のＯＫが出たんです」

業界ナンバーワンの新日本に上がるならただの対抗戦ではなく、もっと世間を騒がせるインパクトのあることをやらなきゃいけない、ということで持ち出したのが、すでに引退していた長州力との一戦であった。

「それまで長州さんはインディに対して『あんなもんプロレスじゃない』とか言って批判をしていて、そのことに対して『プロレス好きっていうことではメジャーもインディも一緒だろう』ってムカついていたというのもあったからね。それで『狙うは長州の首ひとつ！』とぶち上げた。

そのことについて永島さんやらに相談なんかはしていない。最初に新日本の大会で『挨拶してほしい』と言われて京都でリングに上がった時（98年11月18日、京都府立体育館）、長州さんへの挑戦状を持って行ったのは完全に俺のアドリブです。

向こうも突然そんな話を聞かされて驚いたとは思うんだけど、結局プロレスはショービジネスですから」

むろん大仁田としても「自分が目立ちたいから」という私欲の部分はあっただろうが、それ以上に、当時絶頂の勢いにあった新日本をさらに盛り上げていくことがプロレス界全体のさらなる発展に繋がるという意図からのことであったという。

だが話は簡単には進まなかった。

「俺が長州戦をぶちあげたことに対して、新日本や長州さんは様子をうかがっていたんでしょう。その後、俺の出た試合のチケットの売れ行きとかを見ながら、それが商売になるのか、ってところで値踏みをしていたんだと思いますよ。

いちばん最初に健介を当ててきた時に長州力の匂いっていうのかなあ。愛弟子を出してきたっていうところに、長州戦実現への手ごたえを俺なりに感じるところはあったんだけど、長州さん自体はまったく動きを見せないし、新日本側からもやるともやらないとも言ってこなかった」

真鍋アナとの「大仁田劇場」で長州戦が実現

健介戦後の大仁田は、蝶野正洋、グレート・ムタら新日本の主力勢との対戦を重ねることになったが、その間も長州戦へ向けての具体的な話は上がってこなかった。

「俺のマネジャーが永島さんとか新日本の意向とか対戦カードを聞いてきて『ああそうなのか、じゃあ俺はこうしよう』っていうだけで、この頃、新日本側の人間と直接にはほとんど会ってないし、酒を飲んだり飯を食ったりというのもいっさいなかった。

真鍋（由＝テレビ朝日アナウンサー）とのいわゆる大仁田劇場にしても台本や打ち合わせはまったくなかったからね。完全なアドリブ。その緊張感がファンにまで伝わったから面白がられた、っていうのはあったんだと思いますけどね」

最初に大仁田が真鍋アナをぶん殴った際には、テレ朝内部で「自社の社員が暴行を受けた」と大問題になったというが、そうした周囲の声をよそに、2人の絡みは『ワールドプロレスリング』中継内での人気コンテンツとなっていく。

「振り返ってみても、真鍋との絡みは重要なポイントで〝魔の三角関係〟とでも言うのかなあ。俺から長州さんになにか話を振っても、アンサーまでのタイムラグが長いから、それだとお客は冷めるんですよ。だけど真鍋に投げると、その場でなにかしらのレスポンスがあるから興味を持ってもらえる。

ムタ戦のあと、1年近くも間が空いていながら長州戦への機運に繋げることができたのは真鍋がいたからこそでしょう。

真鍋との絡みが人気になって、視聴率もよくて、テレビ中継でだんだんと長い時間が与えられるようになった。それで結局、長州さんも出てくるしかなくなった部分はあったでしょう。その意味からも真鍋の存在は大きかった」

こうしてようやく漕ぎつけた長州戦、蓋を開けてみれば横浜アリーナ1万8000

席がソールドアウト。同日には新日本で初となるスカパーでのＰＰＶ生中継も行われ、おおよそ1億円の売り上げがあったという。

「この試合に関しての俺の個人的な満足度は80パーセント。１００パーセントではない。俺は3カウントを取られてもいないし、ギブアップもしていないからね。レフェリーが勝手にストップしただけだから。

あの人のファイトスタイルは『自分が強い』っていうところを前面に出していくものだし、一方の俺は馬場さんから教わった全日本流の『受けてなんぼ』だから、どうしてもチグハグになってしまうところがある。

電流爆破を被弾しなかったのも、受けたくなかったんだろうね。俺の用意した仕掛けに乗っかりたくないというプライドもあっただろうし、未知のモノだから怖いっていう部分もきっとあったんでしょう」

試合開始早々から長州は大仁田を有刺鉄線に押し込んで爆破被弾させると一方的な攻勢に。急所打ちからＤＤＴの反撃ももとのもせず、最後は爆破済みの有刺鉄線ロープに自ら飛んで反動をつけたリキラリアットからのサソリ固め。7分46秒、試合続行不可能と判断したタイガー服部レフェリーがストップを告げた。

「試合そのものについては『新日本の看板の大会で、電流爆破のリングに長州を引っ張り出した時点で大仁田の勝ち』と言う人もいるし、『さすが長州、大仁田をメタメタにやっつけた』と言う人もいる。長州さんが批判を受けることなく復帰するためにうまいこと俺を踏み台にした、なんていう見方をする人もいるだろうし、評価は人それぞれあって当然でしょう。

それはどっちも否定しないけど、とにかくショービジネスというのは飽きられるのがいちばんダメなことだから、飽きられないためにもいろいろとやっていかなきゃいけない。

そういう部分の考え方でも俺と長州さんとはちょっと違っていて、それが試合に表れたというところもあったんだと思いますよ」

長州さんは新団体をつくったらいい

この日の対戦カードに闘魂三銃士や藤波辰爾らの名前はなく、出場したのは佐々木健介や越中詩郎といった当時長州派とされた選手たちと若手のみ。ほぼ「長州vs大仁田のワンマッチ興行」といってもいい内容で横浜アリーナを満員にしてみせた。

「この成功を見て、長州さんの周りの人たちとかスポンサーなんかは『長州力はビジネスになる』という考えを持っただろうね。それがのちのWJ旗揚げに繋がったところはあったと思いますよ。

だからWJがうまくいかなくなってきた時に、またビッグショーの再現を期待して俺を呼んだりしたんじゃないかな。

そう考えると、あの団体がダメになった最大の原因は、関係者に『長州力で稼げる』と思わせるきっかけをつくった俺にあったのかもしれないな。

ただ、WJに上がっていた頃にも、長州さんと1対1で話すような機会はまったくなかった。テレビ番組内での対談とかっていうのはあったけど、プライベートでは記憶にないなあ。

実際、長州さんと話したところであの人、滑舌が悪いじゃん。声がこもっていて聞き取れないし、なにを言ってるかわかんないから、しゃべろうったってしゃべれないもん。俺だってそんなの話したくないよ」

こと引退に関しては経験豊富な大ベテランである大仁田。長州の今後についてはどう考えるのか。

「長州さんは今後、新団体をつくったらいいんじゃないかな。いまの時代のプロレスは、選手のルックスとか派手さとかそういうことが人気になっているけど、そういうものではなくてね。

昭和のプロレスを愛した人、いまの三十代後半から四十代、五十代あたりのファンを取り込むような団体。そういう想いに応えられる選手を長州さんが一から育ててさあ。ただそれにはもうちょっと頭を柔らかくしないとなあ。〝ど真ん中〟っていうのは下の世代に譲って、あくまでも団体のトップとして構えていればいいと思いますよ」

「長州さんが新日本を去ってから、現場はグチャグチャに」

証言

元新日本プロレス・レフェリー

田山正雄

取材・文■ジャン斉藤

PROFILE

田山正雄 たやま・まさお●1971年、愛知県生まれ。90年、レフェリーとして新日本に入団。07年10月、自殺を図ろうとしていた安田忠夫を発見し、命を救う。08年の新日本退団後は、リアルジャパンプロレス、ZERO1、IGFなど様々な興行でレフェリーを行っている。

田山正雄は新日本プロレス初の生え抜きレフェリーである。新日本に入門し、新弟子と同じ厳しい練習メニューをこなして、レフェリーとしてデビューを迎えた。それまで新日本のレフェリーといえば、引退したプロレスラーやリングスタッフなど、なにかしらプロレス関連の仕事に携わっていた関係者が転向してきた職業だった。当時の新日本に所属していたミスター高橋、タイガー服部、柴田勝久の3人のレフェリーも同様である。

田山の存在は異例だったのだ。1990年に入団した田山のレフェリーキャリアは、長州力体制時代の新日本とそのまま被る。レフェリー視点から見た長州という現場監督はどういう存在だったのだろうか。

「僕が長州さんを語るのは大変おこがましいんですが……僕が入門する以前から、長州さんは現場監督でしたけど、AKB48総監督とはわけが違いましたよね（笑）。あれだけ多くの選手を現場監督としてまとめていたわけですから。武藤敬司さん、橋本真也さん、蝶野正洋さんの闘魂三銃士、馳浩さんや佐々木健介さん、（ビッグバン・）ベイダーやスコット・ノートンらの外国人レスラーたち。長州さん自身もリングに立ちながら、そういった大物レスラーを外国人ブッカーのマサ斎藤さんと一緒に仕切らなきゃいけなかったわけですからね」

橋本さんはトップに楯突く存在

90年代の新日本は闘魂三銃士をトップに据えながら、体制自体は長州のカラーに染め上げられ、長州の息がかかったレスラーたちが中枢を担っていた。

「道場を仕切っていた馳さんや健介さんは長州さんと一緒にジャパンプロレスから来た人たちですよね。レフェリーの起用もそれまでミスター高橋さんを立てながらですけど、メインは服部さん。昔から結びつきのあった服部さんのほうが長州さんはものを言いやすかったんじゃないですかね。そこは長州さんの意向が強かったですよね。怖いか怖くないかでいえば、長州さんは相当怖い存在でしたよね。怖いというかピリピリとした緊張感がありました。それは現場の士気を高めるために、ですよね。たとえば地方巡業なんかでも、会場の体育館に入ったら出るまで本当にピリピリしていました。それは選手たちが気を抜かないように目を光らせていたわけです。誰かを捕まえて怒鳴るというより、長州さん本人が率先して大声を出して雰囲気をつくってました。本当に現場監督ですね。自らの気持ちを高揚させて一体感をつくるという」

新日本の現場責任者として君臨していた長州だが、全員が長州にわけもなく服従を誓っていたわけではない。

「やっぱり現場監督とはいっても選挙で選ばれたわけじゃないんですからね。それでもトップに立って、あれだけのレスラーを仕切らないといけないのは大変だったと思います。みんながみんな活躍できるわけじゃないですし、どうしても不満がいろいろと出てくるなか、それでもまとめていかなきゃいけない。長州さんがほかのレスラーから嫌われていたわけじゃないですけど、やっぱりプロレスって我の強い人間の集まりじゃないですか。どこの社会にもトップに楯突く存在が出てくるのは仕方ない。あの時の新日本では橋本さんだったりするんですけどね」

似た者同士だからできた〝コラコラ問答〟

長州体制の新日本のリングで、ミスターIWGPとしてトップを張っていたのは橋本だったが、橋本はリングを降りれば、長州から一歩も二歩も離れ、独自のグループを形成していた。田山はその橋本派のひとりとして、橋本のプライベートの時間もともにする間柄だった。

「僕が橋本さん側の人間だったことは否定はできないですね。長州さんと橋本さんはお互いに似たところがあったから、ぶつかり合いやすかったというか。だからこそ2人とも新日本を辞たあとに、ZERO-ONEの道場で〝コラコラ問答〟（2003年

11月18日）がやれちゃったんでしょうし。

２人は仲がものすごく悪かったというわけじゃないですよ。橋本さんをあそこまで押し上げたのは長州さんでもありますしね。長州さんからすれば、橋本さんにかぎらず、三銃士は放っておいても大丈夫という枠なんだと思いますね」

当時の新日本の道場では、長州監視のもと若手レスラー同士がリング上で〝練習試合〟をやらされていた。長州が「はい」と納得するまで試合形式の練習は延々と続く。5分程度で終わることもあれば、30分近く闘いを強いられる場合もあった。

「あの試合練習は終わりが見えなかったんですよね。やってるレスラーからすれば地獄だったと思いますよ。その間、長州さんから『お前、マッサージの心得があるだろ？　マッサージしてくれ』って頼まれるんですけど、僕はマッサージの心得はまるでないんですよ（苦笑）。でも、そこで否定すると長州さんに恥をかかせることになるからマッサージをするんですが……試合練習の間にそのまま寝ちゃうこともあって」

新日本初の生え抜きレフェリーとなった田山だが、先輩レフェリーからなにか指導されるというわけではなく、試合経験を積むことでレフェリングを習得していった。田山にとって長州の試合を裁くことも大きな勉強のひとつとなった。

「長州さんの試合をレフェリングする時は、僕はいつもより3割増し厳しくレフェリングするんですよ。そうじゃないと長州さんは逆にやりにくいと思うし、レフェリングが厳しければ厳しいほど、長州さんはやりやすいと思うんですね。

どういうことかといえば、長州さんの試合ってロックアップしたまま相手をロープに押し込むシーンが必ずありますよね。そこで長州さんの試合って相手を離すかクリーンブレイクはしないじゃないですか。きれいに分かれることはほとんどない。その時にレフェリーが遠慮してブレイクを命じると、長州力というプロレスラーの迫力が保てないんじゃないかって思うんですよね。レフェリーに強くブレイクを命じられた長州さんが『なにぃ⁉』という怒りの表情で見せることで、試合がグッと引き締まるんですね。だからレフェリーが長州さんに厳しく当たる必要があるんです。

僕がレフェリーになりたての頃は『レフェリーが試合をつくる』っていう意味がまったくわからなかったんですけど、そんな経験をすることによって長州さんに教わったということですね。どんなレフェリーが裁いても試合の空気が変わらない試合ってあるんですよ。でも、長州さんの場合は違いましたね。長州さんはレフェリーを試合のスパイスとして使ってくれる選手。たたずまいからして緊張感がありましたから、試合のテンションを下げないようにレフェリーをやってましたね」

「お前も橋本について行くんだろ?」

レフェリーにこだわる長州だからこそ、誰を試合に起用するかで、ほかのレスラーと衝突するトラブルも起きた。新日本を離脱し、ZERO-ONEを立ち上げた橋本と長州のシングルマッチ（01年1月4日、東京ドーム）を組まれた時だった。橋本の独立の一因には長州との不仲もあったとされ、「遺恨凄惨」というサブタイトルがつけられた試合は、因縁がほとぼしる形で泥沼の揉み合いになり、当時、新日本の社長だった藤波辰爾が「殺し合いをやってるんじゃないんだ！」と強制〝ドラゴンストップ〟。両者レフェリーストップという裁定が下された。

「あの頃の新日本って……本当に裏側はグチャグチャしてたんですよ。とくに長州さん、橋本さん、小川（直也）さんの関わる試合は、本人たちの意向もあって大変でした。東京ドームで長州vs橋本の試合をやった時は、橋本さんは僕のことをレフェリーに使いたい。でも、長州さんは服部さんを使いたいってことで揉めてましたね。結局あの試合は僕がメインレフェリーだったんですが、長州さん憎しで暴走した橋本さんを止めたら、ケサ斬りチョップを食らってリングから離脱。サブレフェリーだった服部さんが途中から出てきて裁いたんです。

試合後に長州さんから呼び出されて橋本さんのことですごく怒られました。僕に言われても仕方ないんですが……それくらい当時の新日本はグチャグチャしてたんですね。橋本さんが新日本を出ていった時は、僕もいろいろと言われたんですよ。『お前も橋本について行くんだろ?』という空気はあって。まあ、いろいろと言われましたよ（苦笑）」

長州体制の新日本は、オーナーのアントニオ猪木の度重なる現場介入によって徐々に崩れていった。猪木と長州の対立は、長州が新日本を退団することで終局を迎えた。

「長州さんと猪木さんとの関係はまったくわからないです。ファンの人たちと同じ程度の知識ですよ。猪木さんが会場に来てなにかやったわけじゃないですし、スポーツ紙やプロレス専門誌を読んでなにが起きているか理解するというか。現役引退した長州さんが大仁田厚戦で復帰したことも、現場はどうなるかわからなかったくらいですからね。

長州さんが新日本から去っていってからは、現場は混乱しましたね。命令系統がよくわからないことになってグチャグチャで。ひとつの物事が動く時も、この人は『イエス』だけど、あの人は『ノー』と食い違ってたり……長州さんが現場監督だった時は、長州さんの言うことが絶対でしたから。新日本にとって大きな存在だったと思いますね」

第4章 地獄の〝ど真ん中〟WJの男たち

FIGHTING OF
WORLD

「経費の使いっぷりだけは"目ン玉が飛び出る"ほどだったWJ」

証言

谷津嘉章

取材・文●三井一正

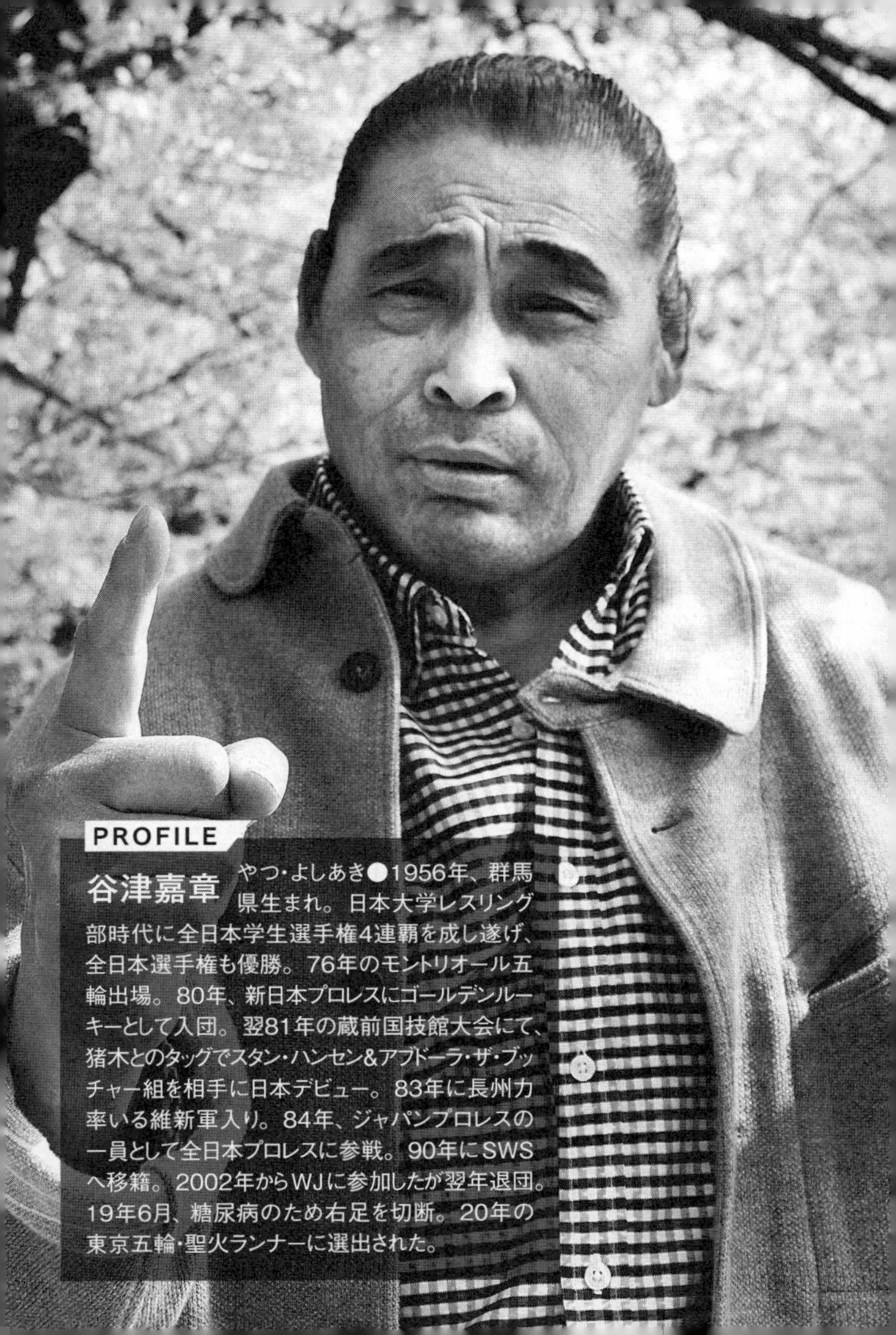

PROFILE

谷津嘉章 やつ・よしあき●1956年、群馬県生まれ。日本大学レスリング部時代に全日本学生選手権4連覇を成し遂げ、全日本選手権も優勝。76年のモントリオール五輪出場。80年、新日本プロレスにゴールデンルーキーとして入団。翌81年の蔵前国技館大会にて、猪木とのタッグでスタン・ハンセン&アブドーラ・ザ・ブッチャー組を相手に日本デビュー。83年に長州力率いる維新軍入り。84年、ジャパンプロレスの一員として全日本プロレスに参戦。90年にSWSへ移籍。2002年からWJに参加したが翌年退団。19年6月、糖尿病のため右足を切断。20年の東京五輪・聖火ランナーに選出された。

旧友であり、宿敵でもある。谷津嘉章は長州力と不思議な関係を繰り返してきた。分かれ道は3度あった。1987年のジャパンプロレス分裂時、94年新日本プロレス参戦時、そして2003年WJ退団時。人生が濃密に交差するたびに別れがついて回る。2度は和解した。現在は「別れ」の状態だ。

「嫌いではないですよ。そんなに好きでもないけど。俺としては、いつでもいいんで。向こうがなんて言うか知らんけど。本人が『ふざけんな』って俺を嫌っているわけだから。その意味は『冗談も休み休み言え。谷津なんて眼中にないんだ』っていうことでしょ。要するに、上田正樹の曲『わがまま』みたいなもんですよ。和解したあとは、俺たち、すごくいいんですよ。『谷津ぅ！』っていつも電話かかってくる。なんでも言いやすいんだろうね。『このタコ！』も何回言われたかわかんない（笑）。次から次へといろんなことが起こるからキリがない。あいつのいいところ悪いところ、全部知ってるんだから」

ともにアマチュアレスリング出身で、五輪出場を経験した。長州が72年ミュンヘン五輪代表、谷津が76年モントリオール五輪代表で、年齢は長州が5歳上になる。一流のアスリート同士だが、還暦を過ぎてたどり着いた場所は大きく離れていた。

新日本へのUターンを長州に説得され続けた

谷津がショックを受けた瞬間は過去、何度もあった。五輪代表という実績を引っ提げて新日本入りし、80年秋に合流。鹿児島大会後に開かれた歓迎会では、焼酎を浴びるほど飲んだ。

「宴会で一抜け、二抜けしていくうちに、大学で運動部だった選手たちが5～8人残ってくれて。アマチュアはそんな量しか飲めないのかって対抗してくるので、焼酎6本飲んだんですよ。いまと違って、焼酎はにおいが強烈だったのよ。わけわからなくなっちゃって」

強烈な二日酔いとはいえ、スポーツマンは5分前行動。翌朝はなんとか出発時間前にバスに乗り込むと、すでに全員が着席しており、シラーッとした空気が流れたという。聞けば、新日本は30分前行動が常だった。

後年になって長州に聞かれた。

「あの時、お前、どれくらい飲んだ？」

「焼酎6本ですよ。先輩、あの時は飲んだんだねえ」

「バーカ、あの時、みんな水を飲んでたんだよ。それがプロレスだよ」

「だから、俺はプロレス嫌いになったんですよ。必死になってやっていたのに。30分前行動にしても、なんだよ、それって。知らないもん。事前に言ってくれればいいのに」

約半年の米国修行を経て維新軍の一員になった。84年にはジャパンプロレスに加入した。その先頭にはいつも長州がいた。

「楽しいこともあったよ。独身時代はいつも2人で六本木へ飲みに行ってね。そらあ、モテました。とにかく維新軍はなぜかモテたんですよ。たいしていい男はいないんだけど（笑）、とにかく長州はモテました。長州が結婚を決意した時もね、3人の女性が『違う人と結婚するなら自殺する』って女の子が3人出て来て、長州から露払いしてくれって頼まれて、俺が止めに行きましたよ。「『私、結婚式に出ていいかな』『駅のホームから飛び降りる』って言うのをなだめて、すかして……。あいつ、俺に絶対頭が上がらないはずなんだよ（笑）」

87年、ジャパンプロレスは長州の新日本復帰で分裂し、谷津は全日本残留を選んだ。都内に1日軟禁され、ともに新日本へUターンするよう説得され続けたという。

「先輩がなに言っても、俺は絶対Uターンしないよ」

そう言い続けたが、「うん」と言うまでは帰してもらえないと思い、いったん「わかりました」と返事をして帰宅。翌日は午前10時の新幹線に乗り、午後1時に名古屋で長州と打ち合わせをする予定だったが、谷津は迷わず睡眠に入った。

「電話がきたんだけど無視していたら『裏切ったな』って。社会的に見たら、どっちが裏切ったかって、Uターンしてるんだから、お前だろと思うんだけど（笑）。人が動くのはカネだけじゃなくて、動くことが疲れちゃう場合もあるんですよ。アニマル浜口さんは『疲れたから、リキちゃん、動かなくていいか』って言ってたね……」

その頃、谷津は結婚した。袂を分かったとはいえ、なにかリアクションがあるのではないかと期待していた。長州の結婚時は〝露払い〟をこなし、ご祝儀は10万円を包んだ。しかし……。

「なーんにも来ない。カネなんかいいんですよ。おめでとうとか、祝電打ってくれたっていいじゃない。でも、なんにも来ない。しょうがねえ、そういう人だよって流したんだけど。次から次へといろんなことが起こるから、長州とは絶対合わないなと思うようになった」

長州と飲んだ六本木の夜。谷津が払った150万円

全日本での谷津は、同じアマチュアレスリングで72年ミュンヘン五輪代表の故ジャンボ鶴田さんと「五輪タッグ」を組み、初代世界タッグ王者に輝くなど活躍した。し

かし、90年にSWSへ移籍。派閥争い、内部対立から退団。流転のプロレス人生は加速していった。

93年には自らSPWFを設立して興行を開始し、翌94年には長州が現場監督を務める新日本への参戦が決まった。SPWFの若手を参戦させてくれるなら、という条件を提示し、都内で記者会見に臨んだ。

「そしたら、長州が入ってきたんですよ。ど真ん中の人が。怒鳴りつけられ、ウンザリしましたよ。またやられたと思ったね。1、2日前まで『谷津、頼む』と言ってたでしょって」

新日本の流儀ともいえる発火点ではあるが、久々の再会は、すでに2度目の別れを予感させるものだった。それでも90年代半ば、対抗戦に発展した昭和維新軍vs平成維震軍の時代には、新たな思い出も加わった。

「もちろんイイ思い出ではないですよ（笑）。俺と長州はね、和解すれば仲良くやっていましたよ。それがね……。俺は（90年代の）維新軍の頃、足利、群馬のプロモーターもやっていたんです。ある時、維新軍のメンバーに1万円を入れた大入り袋を渡したら、長州が『いらない』って言うんですよ。『六本木へ行こう、今日は全部出せよ』って。それで、クラブでシャンパンを飲んだり、クラブ3軒くらいハシゴしたかなあ。一晩で150万円かかった。……なんだこれ、と思って。大入り袋、いらないって言ったわけがわかったなあ。いやあ、厳しい先輩だなって思ってね（笑）。いまだから笑えるけど、あの時は大先輩だから、わかったと言うしかないじゃない。あれは参った」

崩壊するために努力しているようなWJ

谷津が新日本からフェードアウトしたあと、最後の交わりは2002年に長州が中心となって設立したWJだった。選手兼営業本部長として参加したが、旗揚げ前から暗雲だらけだった。03年3・1横浜アリーナの旗揚げ戦はプロレスリング・ノアの日本武道館、K-1有明コロシアム大会と同日。団体のキャッチフレーズ「日ン玉が飛び出るようなストロングスタイル」「ど真ん中」に言葉の勢いはあったが、団体としての行動は崩壊するために努力しているような状況だった。

「そんなに興行が重なる日に（お客さんは）入らないよ、そんなに甘くないよって言ったんです。それまでは長州が動くとカネが動くっていう世界だったけど『そんなことありません、先輩。（チケット売りを）やらなかったら大赤字になりますよ、単なる赤字じゃなくて、大変なことになりますよ』って言って。加えて、団体として経費の使いっぷりだけは〝目ン玉が飛び出る〟ほどでしたから」

WJは、演出などを含めた興行のパッケージ、スターターキットをイベント会社に依頼し、早くも5000万~6000万円が消えた。のちに伝説と化した屋形船接待、手土産の高級メロンも含め、当時のWJ社長が出資したという2億円はあっという間に目減りした。

旗揚げ戦の客入りに危機感を持った谷津はスタッフに30万円分、選手には100万円分以上のチケットをノルマに課した。自身は800万円を売り上げたと話す。当時の社長は1000万~1500万円分のチケットを売ったが、営業先は銀座のクラブだったという。

「俺は旗揚げ戦のチケット、800万円売ったんですけど、（当時WJ常務の）高田龍に『悪いけど300万円は俺が売ったことにしてくれ』ってなった（笑）。あの頃、社長はその軍資金で銀座の中であっちこっち行く。仲間たちとガンガン、ドンペリかなにか飲んで、軍資金をつかってるんです。だから、社長はまんざら被害者じゃないんですよ。勝手に使ってるんだから。それで当時セルシオ乗ったりいろいろしてるわけですから。永島勝司なんてかわいいですよ、その近くの新橋の居酒屋で飲んでるだけだから（笑）。

銀座のクラブで1日50万円使ったら、3カ月間の準備期間で1カ月のうち20日間行ったとして、60回×50万円。いくらになりますか、ホントに。3000万円はいかなくても、それぐらいの金額を使って、チケットを1000万円とか、1500万円で売ってんですよ」

スタッフ全体の手売りで3600枚ほど売り、当日券に数百人が訪れ、当時の主催者発表で旗揚げ戦の観客数は1万3200人。一応の形はついた。

「ああ、よかったなあと思って。そしたら試合後、横浜アリーナの会議室をバンケットにして打ち上げやってたんですよ。その費用が350万円。『なんでそんなにカネかけてるんですか!』って言ったけど。旗揚げ戦自体はそれでも1000万円くらい黒字になったんです。ただ、その後の興行日程を急に入れろって言ってくるから、チケットは売ったけど、お客さんが来ない」

旗揚げ戦後の興行で客入りが芳しくないことから、谷津は長州から非難されるようになった。

「売れよ、お前。営業本部長だろ」

「先輩、俺たちは1大会に3カ月かけて売ってるんですよ。人気があればすぐ売れるけど、昔と違うんですよ。急に興行を入れろったって、すぐには売れないですよ……」

過去の記憶と現実の乖離（かいり）。

「興行は水モノって話をしたんですよ。そうしたら『水モノってのは、表面張力で水があふれることを言うんだ』って言われてね。自分が出れば、お客さんが入ると思っている。俺はガックリ来ちゃって、あまり口をきかなくなって。長州の頭の中は、新日本のままだったんですよ」

WJが経営的に急降下していくなか、長州自ら営業スタッフを鼓舞することもあったという。午前10時に予定した営業会議に行ったところ、すでに長州がゲキを飛ばしていた。遅刻したと言わんばかりに怒られたという。

「お前、なにしに来たんだ」

「10時から会議なんで、そのとおりに来たんですけど」

新日本は30分前行動。80年11月、入団歓迎会の翌日にショックを受けたしきたりは、23年の時を経てWJでも生きていた。

「お前には悲壮感がない。来るな、出ていけ。やらなくてもいい」

「やらなくてもいいけど、先輩、困っちゃうんじゃないですか」

緊迫感があるのかないのかわからない会話だが、WJはいつもそうだった。03年

9・6に金網マッチの総合格闘技大会「X－1」を敢行するも、試合中に金網の扉が外れるアクシデント。なぜかすべてが裏目に出る運命にあった。

会場規模を縮小しての興行を勧める谷津と、ど真ん中を歩きたい長州の意見は相容れなくなっていた。03年9月28日、谷津は「自分の言ったことが反映されなかった。今後は規模を縮小しないとできない」として退団を決意した。

退団表明後、谷津は最後の対決として長州の腹心・永島勝司に長州とのシングルマッチを申し入れた。しかし、長州からの返答は「はあ？　そんなもんできるか」で終わったという。

「ダメだこりゃ、プロじゃないなと思ったね。俺とは人間vs宇宙人。もう話が通じないんだよ」

長州は〝青春ど真ん中〟みたいなもん

2度あることは3度ある。WJで物別れに終わった7年後、10年11・30の谷津引退試合となるSPWF新宿FACE大会に、長州参戦を呼びかけたが、この3度目に長州が応じることはなかった。

「それでも、尊敬している部分もある」と谷津は言う。

アマチュアレスリングで実績をあげた谷津は当初、ゴールデンルーキーだった。新日本入りにあたっては、焼酎6本で二日酔いになる前日の80年10・30熊本大会後に、新間寿（当時・新日本営業本部長）、そして84年ロサンゼルス五輪で柔道金メダリストとなる山下泰裕の祖父と食事をしたという。ともに大学出で、谷津は競技こそ違うが山下の1学年上。山下本人のあずかり知らぬところで行われた会合だったが、当時、谷津と山下は格闘系の競技では大物の2人だった。

「新日本は二枚看板で、と思ってたんじゃないかな。ただ（山下は）新日本に来ないと思ったけど（笑）」

ともに鳴り物入りの入団だったが、長州はプロレス界を代表するレスラーとなり、谷津は苦労のプロレス人生となった。

「長州のプロレスに対する情熱、かける気持ちは自分なんかとは全然違う。プロだから自分をいかにして売るか、いかにして自分の商品価値を高めるか。そういうことをいつも追究している。猪木さんもそうかもしれないけど、俺にはできないなあと。なんのためにプロに入ったのか。長州から見たら、そういうことなんでしょう」

袂を分かったとはいえ、長年同じ業界でともに歩んだ時期は長い。現在は会話がない相手だが、思いを馳せることはある。

「長州は天然ですよ。基本的に。いくつになっても青春のままでいて、物事を中途半端にできないタイプ。〝青春ど真ん中〟みたいなもんですよ。ああいう人にかぎって周りが放っておけなくなっちゃって、いっぱい協力者がいる。俺みたいに1人で自活するタイプは、ほとんど協力者がいないんですよ。彼はプロレス人生の後半ちょっとだけ、WJでプロレスの醜さを見ちゃったけど、ずっと『長州力』で生きてこられた」

プロレス入り当初は「先輩」と呼んでいた。しかし、いまは長州力について話す時、敬称をつけなくなった。2人の距離感は人生の歩みとともに開いていった。

「いつまでも青春って言ったって、体がついていかなくなるから、健康に留意して、練習を極端にやめないで、これからは楽しいレクリエーション的な汗のかき方、体の動かし方をして、人生をまっとうしてもらいたい。

でも、これでこの人は終わらないと思う。プロレスをやらなくても、世の中に必要な人だから。歳を取ってくると、まずは健康だからね。『お前にそんなこと言われなくてもわかってるよ、タコ！』って言われそう。よく『タコ』って言われたけど、いま『タコ』って言う人いないよね。笑っちゃ失礼だけど『ホント、この人かわいいな』って思うんですよ。天然記念物でもおかしくない。

普段は情報を耳に入れないようにしてるんだけど、聞きたくないのになにかいろいろと入ってくる。おかしいんだよな（笑）。『余計なことを言うな』って言われるかもしれないけど、余計なことも必要ですよね（笑）」

「リキちゃんと永島のオヤジに最初から深い結びつきはなかった」

証言

元WJ営業本部長

高田龍

取材・文●ジャン斉藤

PROFILE

高田 龍 たかだ・りゅう●1952年、群馬県生まれ。94年8月、中古車販売業を通じて知り合った谷津嘉章が立ち上げた社会人プロレス団体SPWFにフロントとして参加。同団体離脱後の95年3月31日、インディ団体レッスル夢ファクトリーを立ち上げ、団体代表を務める。2001年、夢ファク解散後はプロレス界から離れていたが、営業本部長としてWJのフロント入りをする。

「リキちゃんはね、『福田さんのお金にだけは、手を出しちゃいけない』って言ってたんですよ。リキちゃんと福田さんは親友の間柄でした。あの時、福田さんのお金がなかったらWJは旗揚げできなかったかもしれないですけど、2人の関係は壊れなかったんじゃないかな……」

高田龍はいまでも長州力のあの言葉が脳裏に焼きついている。2003年3月1日、長州を中心に旗揚げした新団体ファイティング・オブ・ワールド・ジャパン（以下WJ）は、長州の支援者で北海道の実業家・福田政二氏のバックアップによって設立された。高田はWJ旗揚げ前からその裏側をつぶさに見てきた男である。

威勢のいい言葉だけは吐く永島のオヤジ

高田は谷津嘉章の社会人プロレス団体SPWFからプロレス業界に関わり、その後はレッスル夢ファクトリーの代表として、小さいながらもプロレス団体を切り盛りしてきた経験もある。WJ旗揚げ当時は埼玉・熊谷市で飲食業を手がけていた。

「レッスル夢ファクトリーの選手が新日本プロレスに出たことがあったので、永島のオヤジ（永島勝司）とは知らない仲ではなかったんですね。新日本を辞めたと聞いて、会って話をしたら『プロレス団体はやらないよ』と言うんです。でも、私が夢ファクで使っていたリングを倉庫に保管していると聞いたら、途端に目の色を変えて『実は長州も新日本を辞めて一緒に新しい団体をやるんだ！』って言い出すんですよ（笑）。これはあとあとわかるんですが、あの時の永島のオヤジには新団体をやろうにもなんの当てもなかったんですよ。リングもお金もない。でも、こっちからすれば、ちょっと前まで新日本というメジャー団体のお偉いさんだった人間ですよ。ハリボテのまま動こうとしてるなんて露とも思わなかったんです」

実情を知らない高田は、永島から新団体への協力を持ちかけられた。

「初期投資として2000万円が必要だとストレートに言うわけですよ。リキちゃんが本当に新日本を辞めるなら、あとに続く選手もいるだろうし、それだったら……ってことで、夢ファクのスポンサーだった北関東グループの会長から融資を取り付けたんです。私が500万円出して、会長が1500万円。でも、2000万円程度じゃ新しいプロレス団体なんて無理なんですよ。永島のオヤジは威勢のいい言葉だけは吐くんですけどね。新団体の旗揚げ戦はテレビ朝日で中継するとか。テレ朝では新日本をやってるんですけど（笑）。

あの2000万円をなにに使ったかといえば、リキナガシマ企画の法人登記。資本金が1000万円で代表は永島のオヤジ、私が専務で、会長が筆頭株主。新日本から移籍するレスラーの支度金100万円に充てる。でも、新日本を辞めてWJに移籍した佐々木健介や越中詩郎には、リキナガシマ企画から支度金を渡してないことがあとになってわかった。永島のオヤジは『(獣神サンダー・)ライガー、中西学も辞めてこっちに合流する』とも言ってましたねぇ。あとで問いただしたら『100万円ぽっちじゃ動かないよ!』って開き直ってましたけど(笑)。のちに口座を調べると、あの2000万円はその日のうちに引き落とされてましたね」

永島のオヤジからは1銭たりとも返してもらってない

リキナガシマ企画の見通しが立たないなか、ある日、高田は永島に呼び出される。高田が待ち合わせたホテルに愛車のベンツで到着すると、その正面玄関前には永島ともう一人見るからに屈強な男が立っていた。長州だった。助手席に乗り込んできた長州に自己紹介をしようとするが「ああ、向こうに着いてから」と制された。高田が永島の指示どおりに車を走らせると、目的地で待っていたのは福田政二氏だった。高田は意図せず新団体設立のミーティングに同席することとなったのだ。

福田氏は大星実業観光開発の代表として北海道を中心に事業を展開。新日本時代から長州を応援していた。猪木の強い意向により、新日本が開催した「北朝鮮 平和の祭典」に費やした2億円という大金は、長州ルートで福田氏から借り入れたものでもあった。

「福田さんが『リキちゃんがやるんだったら応援する』って前向きで。リキちゃんは『福田さんのお金には手は出せない』と乗り気ではなかったんだけど、そこはもうほかに当てがなかったんでしょうね。福田さん、今後のことを話しながら『なんかさ、ワクワクしない？』って笑顔でね。私はプロレスでいい思いをしたことがないから『いやぁ、大変ですけどね……』って答えたら、福田さんに怪訝(けげん)そうな顔をされましたけど（苦笑）」

高田は長州ときちんと会話をするのはその時が初めてだったが、その日の晩に用意された酒の席ですっかり打ち解け、意気投合する。2人が酒を酌みかわした場所は、のちに語り草となる屋形船を経営する居酒屋だった。

「WJになってからも、リキちゃんとはよく飲みに行きましたよ。プロレスの話は全然しなかったです。する必要がなかったのかどうなのか（笑）、楽しい酒でした。福田さんとも仲良くなったことで『龍、お前もWJに入らなきゃダメだ』ってことになり、私もWJに営業本部長として関わるようになったんです。

福田さんはプロレスの興行で儲けようという姿勢はなかったですね。『龍、お前も商売をやってるからわかると思うけど、このＷＪからいろいろ広げていくんだぞ』って。プロレス団体を下敷きにしてほかのビジネスに発展させていく。福田さんからすれば、ＷＪは東京進出の足がかりだったのかもしれないですよね。

福田さんは最終的に２億円というお金をＷＪに融資しましたが、リキちゃんと永島のオヤジに貸し付けるという形です。ＷＪの社長も福田さんがやると。福田さんからすれば、ただお金を出すわけにはいかない。福田さんのことはあくまでスポンサーに留めておきたかった永島のオヤジからすれば、そこは計算が大きく狂ったでしょうね。永島のオヤジの目論見では、新団体からリキナガシマ企画にお金を落とす流れにしたかったはずですが、こうなると自由にはできない。リキナガシマ企画の存在が必要なくなる。永島のオヤジは『福田さんは俺らに任せるしかないから』って言い訳するんですけど、まあどうにもならなかったですね。

こっちも困りました。永島のオヤジからなんとか２０００万円は返してもらわないといけない。ＷＪには選手１人あたり５００万円の支度金が出たんですが、もらった人間の中に永島勝司の名前もあった。でも、１銭たりとも返してもらってないんですよね（苦笑）」

屋形船・忘年会は経営者として当然のこと

紆余曲折があってWJのフロント入りした高田だが、長州たちのあまりのメジャー意識の強さの前に、出航前からWJの行く末を案じることになる。

「旗揚げ戦の会場からしても、リキちゃんは『両国国技館？　小さくて考えられない』と一蹴するんです。横浜アリーナでやった旗揚げ戦は実数で9000人だったから両国なら満員なんですけどね。企画会議も会議にならない。だってみんなリキちゃんにはなにも言えないんですから。私がリキちゃんに反対意見を出すと、周りが『なにを言ってるんだ……？』という雰囲気になっちゃう。

『プロレスファンはお金持ちのプロレスは好きじゃないですよ。あの長州力が最後に勝負する団体なんだから、リングづくりから汗を流してる姿を見せればファンが応援しますよ』って言ったんですけどね。そこはAKB48とかアイドルの子たちと同じですよ。ゼロからつくりあげていく姿にファンは共感していくわけですから。いろいろ苦労したいまのリキちゃんならそういうこともよく考えられるんでしょうけど、当時はメジャー意識が強すぎましたよねぇ。

WJが終わってからのリキプロの時かな。リング屋のトラックの到着が遅れたかなんかでリキちゃんがリングの設営を手伝って、その姿が『週刊プロレス』の表紙になりましたよね。ＷＪでもそんな長州力の姿をファンに見せればね、歴史は変わったんじゃないですかね。
だってあのＷＪのロゴマークをつくるのにデザイン会社に３５０万円も払ってたんですよ。インディ団体のロゴマークを手書きでつくった私からすれば、信じられない金額です（笑）。道場は大田区にあって、若手の寮の家賃も含めて１００万円。埼玉あたりの安い場所でかまわないのにって話なんですけど、大田区になった理由はリキちゃんの家から近いから」

散財のかぎりを尽くしたＷＪバブルを象徴するエピソードといえば、先にも触れた屋形船・忘年会である。のちのＷＪの凋落（ちょうらく）を語る際に、必ず引き合いに出されるこの豪勢な催しの司会を務めたのは、高田だった。

「あの忘年会もいろいろと言われたりしましたけど。そんなにおかしなものではなかったんですよ。雑誌には５００万円使ったとか書かれて、実際にいくら使ったかはわからないですが、福田さんの事業関係もたくさん招待されて参加者は１００人程度だったかな。これからプロレス団体をやるわけですから派手にやるのは経営者として当然のこと。騒ぐ金額じゃないでしょう。千疋屋のメロンがお土産だったってことも、招待客からちゃんとご祝儀もいただいてるわけですから、それなりのお土産を用意しないと失礼ですよね。コンパニオンや芸人なんかを呼んだわけでもないし、司会進行は私と福田さんの2人（笑）。ささやかなもんですよ。

あの忘年会の時のリキちゃんは明るかったなあ。忘年会の最後は招待客やスタッフ一人ひとりと握手して、私のことも力いっぱい抱きしめてね。

旗揚げ戦の前日も、リキちゃんがWJの社員全員を集めて『短い期間のなかで、本当によく頑張ってくれた。無理な頼みごともしたが、嫌な顔もせずに対応してくれた。心から感謝している。ありがとう！』って涙を流しながら挨拶したんですよ。あのリキちゃんが涙を流すんだってビックリしました。そして選手に向かって『みんなの苦労に応えるためにも明日は精一杯やらなきゃダメだぞ！』って檄を飛ばしてました」

「プライベートでオヤジと酒を飲んだことは1回もない」

03年3月1日、横浜アリーナで行われた旗揚げ戦は、WJのこれからを暗示するかのように、大雨と強風が会場を襲っていた。

「ビックリしたのは、お客さんに向けての挨拶がなにもなかったことなんです。福田さんは嫌がるし、リキちゃんもやらない。本当ならばリキちゃんが第1試合の前にリング上から挨拶するだけで印象は違ったと思うんですよね。試合だけで見せればいいってことでなにもないまま始まって、新日本で見たことがあるような光景という感じが……。

選手の使い方もイマイチだったかなあ。それは永島のオヤジの考え方が古いんですよ。だって旗揚げ戦のメインは最初はリキちゃんと天龍（源一郎）さんがタッグマッチでやるとか言ってて。旗揚げ戦ですよ？　せっかく連れてきた大型外国人（ダン・ボビッシュ）に健介があっさり勝っちゃうし、WJのエースにしたい健介だって先に繋がるものがなかったんです。

永島のオヤジはリキナガシマ企画がウヤムヤになってからはまともに仕事していなかったし、ずっと蚊帳の外でしたね。リキちゃんと太い信頼関係があるみたいな言い方をするんですが、実際はそんな感じじゃなかったんです。リキちゃんはこう言ってました。『龍ちゃん、俺はプライベートでオヤジと酒を飲んだことは1回もないよ』と。WJになってからリキちゃんの家にみんなが呼ばれたことがあったんですが、永島のオヤジはその時に初めてリキちゃんの家に来たみたいですからね」

永島はWJを回顧する様々なインタビューや記事などで、長州とは新日本の時のような信頼関係は構築できなかったと回想している。永島が出したアイデアをことごとく長州に却下されたというのだ。

「うーん、リキちゃんと永島のオヤジに最初から深い結びつきはなかったですよ。リキちゃんのメジャー意識が強すぎたことは確かですけどね。だって甲子園の阪神対巨人戦のゲスト解説を断るくらいですからね。いまいろんなテレビ番組に出てるリキちゃんからは考えもつかないです」

福田さんに訴えられたことは許せなかった

WJは翌04年の夏頃に事実上の活動停止を迎えるが、旗揚げ戦の半年後には選手のギャラ未払いなどで空中分解に陥っていた。あくまで飲食業が本業だった高田もプロレス界からフェードアウトしていく。

「私はもともと給料はなしでしたが、福田さんは『経費として月50万円を渡す』と。それも1度きりでしたけどね。あとで聞いてビックリしたのは、横浜アリーナの会場費も払ってなかったみたいで。組織としてどうしようもなかったということですよね……。

私がWJから離れたのは、寿司屋でリキちゃんとWJの話をしているうちにケンカになっちゃって。福田さんが仲裁してくれたんですけど。リキちゃんから『龍ちゃん、WJをもう辞めたほうがいいよ』と言われて、こっちも売り言葉に買い言葉。リキちゃんは『そういうつもりで言ったんじゃないよ……』って言うんだけど、リキちゃんはもうＷＪがダメになるってことはわかってたんですよ。私がこれ以上、ＷＪに関わって痛い思いをするのは忍びなかったんじゃないですか。友人の福田さんのお金に頼りたくなかったという感情に近いんでしょうね」

こうして高田は団体崩壊前に身を引いた。ＷＪの活動停止から数年後、福田氏は団体設立に融資した2億円の返済を求めて長州と永島を提訴したが、それぞれ返済条件が合意に達して和解が成立している。

「ＷＪの裁判が終わったあとですかね、東京で福田さんと会う機会がありました。『リキちゃんとまた酒を飲むことはできないんですかね？』って聞いたら『俺にはその気持ちはあるんだけどね。でも……』と。実は福田さんとリキちゃんは札幌の寿司屋でばったり会ってるんですよ。『リキちゃん、俺の存在に気がついたら、そのまま店から出て行っちゃったんだよねぇ』って寂しそうに言ってました。

リキちゃんは福田さんにはお金は返したけど、福田さんに訴えられたことは許せなかったんでしょう。永島のオヤジはちょっとは払ったのかな。私の2000万円は全然です。返済を迫ると『どうすりゃいいんだよ！』って逆ギレですよ（笑）。

ＷＪがああなってしまったことで、リキちゃん、福田さんの関係が壊れてしまったのは残念です。もう3人で楽しい酒を飲めなくなってしまった。リキちゃんとの酒はすごく楽しかったなあ……。『福田さんのお金にだけは手を出しちゃいけない』。いまにして思えば、リキちゃんの言うことはまったく正しかったんです。でも、あれからリキちゃんがこうやって華やかに引退を迎えられるのは、あのWJでどん底を見たってこともありますからね。あの経験が糧になったことが唯一の救いかもしれないですね」

高田はWJ崩壊後、長州とは疎遠となってしまったが、7～8年前にこんなやりとりをしたと言う。

「私の携帯番号が変わっちゃってね、リキちゃんが連絡をしたがってるって話を伝え聞いて、こっちから電話したら出場している興行の最中だったのか、電話口がざわついていてね。リキちゃんはちょっと呆れ気味に『あの、こっちは何回もかけてたんですよ。オッケー、この番号、登録しておきます。龍ちゃん、それじゃあ、また！』って電話を切りました。それから連絡は取り合ってないんですが、リキちゃんとは繋がってる感覚はありますね。私が知ってるリキちゃんは、とってもチャーミングな男なんですよ」

「ミツオは、『カネ関係は永島だから』って、押しつけてきた」

証言

永島勝司

取材・文●金崎将敬

PROFILE

永島勝司 ながしま・かつじ●1943年、島根県生まれ。専修大学卒業後、『東京スポーツ』の記者となるが、88年、アントニオ猪木からの誘いで、新日本プロレスに入社。プロデューサーとしてUWFインターナショナルや全日本プロレスとの対抗戦など数々のヒット企画を手掛け、「平成の仕掛け人」と呼ばれた。取締役を務めたのち、2002年に退社。03年、長州力とともにWJプロレスを旗揚げするが、経営悪化で04年に活動休止。『内外タイムス』編集局長などを経て、現在『バトルニュース』編集長。

わずか1年あまりで崩壊した伝説の団体WJ。フロントを務めた永島勝司による暴露本『地獄のアングル』や、原田久仁信（くにちか）による劇画『プロレス地獄変』などで、その放漫経営ぶりが語られてきたが、果たして長州力にとってWJとはなんだったのか――地獄の〝ど真ん中〟で最もあがいた男、永島勝司に改めて話を聞いた。

「俺とミツオ（長州）の最初の関係っていうのは、あくまでブンヤ（『東京スポーツ新聞社』）とレスラーというものだったね。ただ専修大学の先輩・後輩っちゅう間柄だから、その縁で親しくして、酒飲んだりはしてた。だけど、長州力をプロレスラーとして見ると、そこまで評価していたわけではなかったよ」

長州は、1982年にメキシコ遠征から帰国し、新日本プロレスの次期エース候補だった藤波辰爾に対する「嚙ませ犬」発言でブレイクする。

「『嚙ませ犬』っていうセリフを考えたのは俺だよ。ミツオはメキシコに行ってる頃もぜんぜん売れなくって『もう辞める』って手紙を俺に書いてきてた。でも、新日本としては藤波を売り出すためにライバルがいるから、その役を長州にやらせてみるかとなったわけ。『嚙ませ犬』も『名勝負数え唄』も、別に長州がやりたくて考えたことじゃなくて、会社の方針に従っただけのことだから」

それが事実ならば、プロレスラー長州にとって、永島は売り出しのきっかけを与えてくれた恩人中の恩人、ということになる。

「まぁ、それで感謝する男じゃないけどね。そんな性格だったら、あいつの人生はもっと違ってるはずだよ」

新団体をやる気なんていっさいなかった

永島は東スポを退社し、88年に新日本に入社。企画宣伝部長として、マッチメイクやアングルを取り仕切るなど、新日本の頭脳として活躍。長州は、レスラーたちを取りまとめる現場監督となり、「長州＝永島体制」とよばれる運営基盤を築いていく。

「俺とミツオがガッチリ組んでいたみたいに言われるけど、ああいう体制になったのは、単なる偶然だよ。俺は猪木に頼まれて、たまたまミツオと組んでやってるという気持ちだったから。お互いにそこまで話し合ってなにかをするという感じでもなかったね」

とはいえ、90年代に突入すると、この長州＝永島体制は新日本を活性化させ、ドーム興行を連発するなど、興行的にも最盛期へと導いた。

この功績が認められ、99年には新日本の次期社長候補として、長州の名前が取りざたされる。結果的に長州は社長要請を固辞し、藤波が新たな社長となる。

「サカさん（坂口征二）が社長を辞めるとなって、次を誰がやるってなった時に猪木がまず長州を指名したんだよ。でも、猪木と長州は考えが合わないし、猪木も長州のことを信頼していない。だから、この打診は、俺にはちょっと違和感があったよね。ミツオはストレートな性格なんだけど、言うことを聞かないんだよ。周りがなにを言おうと自分の思ったことを通す。もうひとつ言うと、金銭感覚が非常にシビアなのよ。カネに汚いというのではないんだけど、やりかたがシビア。それでみんなついていけなくなるんだけど、WJがまさにそうだったんだよな……」

永島は02年2月に新日本を退社。あとを追うように長州も02年5月31日に新日本を退団する。この動きからマスコミは、長州＝永島体制で新たな団体を起こそうと画策している、と報じた。

「いや、俺が辞めた時には、新団体をやる気なんていっさいなかったよ。長州と相談することもなかった。俺はプロモーション会社をつくって、一人でやってこうと思ってたから」

永島は、新日本を辞めた時点では新団体構想はなかったと断言した。しかし、そこから2人を繋げたのが、北海道でパチンコチェーンなどを経営する実業家の福田政二氏だった。新日本が95年4月に北朝鮮で行った興行で赤字を負った際、その返済資金を用立てたのが福田氏だ。この時の負債は、長州＝永島体制で手がけた新日本とUインターとの全面対抗戦の収益で全額返済を果たしている。

借りる人が吉田光男、保証人が永島勝司

「新日本を辞めてから、ミツオとゴルフのコンペかなにかで会った時に、『オヤジ、なんかやんなきゃいけないんじゃないの』って言われたんだよ。それで2人で福田さんに会いに行ったら、目の前に1億円の現金を積まれた。『オヤジ、これを取るのか？』って言われて、大変だなと思ったけど、取っちゃったんだよね……」

この1億円は新団体運営のための融資ということだったが、実際には福田氏から長州・永島への「貸付金」だった。

「借りる人が吉田光男、保証人が永島勝司、これが明記してあった。でも形だけだからと言われて、ハンコ押しちゃったんだよな。いま考えると、俺もミツオもバカだった。なんにもわかってなかったんだよ」

福田氏は1億円というニンジンで、最初から2人をカタにはめようとしていたのだろうか？

「いや、それはないな。福田さんは、俺と長州なら1億円くらいすぐに返せると思っ

ていたのは本当だと思うよ。北朝鮮興行で大借金して、Uインターで利子つけて返したのを目の当たりにしてるから、俺と長州が組めば、いくらでもカネを生むと思ったんだろうね」

この1億円を元手に、長州を中心とした団体「ファイティング・オブ・ワールド・ジャパン」、通称「WJ」が設立される。そして、この潤沢な資金から、まず長州への支度金が800万円。そして引き抜いた選手たちへそれぞれ支度金500万円。目黒に賃料120万円の事務所を借り、715万円で道場も設立。さらに専用リングや巡業バスなどもキャッシュで購入するなど、旗揚げ前からフル活用されていく。

「なににいくら使うとかは、俺は決めてない。たぶん福田さんや、その部下が決めてたんだと思う。俺は巡業バスなんてどうでもよかったし、乗ったこともないよ。ただ道場の場所については長州が決めてたね。いい道場をつくって、ちゃんと選手を育てようという気があったんだと思う」

数百万の経費をかけ、マスコミや関係者を招いて大盤振る舞いをしたという伝説の「屋形船・忘年会」も、実際には福田氏の仕切りだったという。

「屋形船の業者と繋がっていたのは、福田さん。俺や選手たちは呼ばれて行っただけだよ。お土産で配った2万円の夕張メロンも、福田さんが決めたんだと思う」

会場費が未払いでも長州は「俺のギャラは?」

ＷＪの旗揚げ戦は03年3月1日に横浜アリーナで行われることとなった。しかし、この日は、日本武道館でプロレスリング・ノア、有明コロシアムではK-1のビッグマッチが開催されており、その影響もあって客入りは芳しくなかった。

「日程と会場を押さえたのは、営業を担当してた谷津（嘉章）だね。あとから、なんでノアにぶつけたのかってよく聞かれたけど、俺たちはほかの団体のことなんてまったく考えてなかった。ミツオも、自分が天龍源一郎と闘えば客が入ると思ってただけだよ」

自信過剰というべきか、まさに〝ど真ん中〟思考で走り始めたＷＪだが、観客の心を掴むことはできなかった。

「長州がマッチメイクをしてたんだけど、あいつがやると第1試合からメインまで全部同じスタイルになっちゃうんだよ。俺はさすがにマズいなと思って、いろんなアングルを考えたし、天龍や越中（詩郎）、大仁田（厚）だっていろいろアイデアを出してくれたけど、長州が全部断った。あいつにはプロレス的な頭がないというか、ファンに対するサービス精神がない。試合だって、自分のやりたいことしかやらないでしょ？　〝ハイスパート〟っていうけど、あいつは早く試合を終わらせたいだけだから」

やがてWJは資金繰りが悪化。福田氏から追加で1億円が「貸付」されるが、焼け石に水だった。

「とにかくカネがなくなって、ファイトマネーや会場費が未払いになっていった。巡業で得たカネは全部、福田さんが回収しちゃうから、こっちにはカネがない。だから会場費も選手のギャラなんかも、払いたくても払えないよな。そういうこと。

後楽園ホールの料金未払いがあって、払うまで俺が会場から出してもらえないことがあったんだけど、それでも長州は『俺のギャラは？』としか言わない。立場的には経営側なのに、どこまでいってもいちプロレスラーの感覚なんだよ。ほかの選手のギャラを払えない時も、普通だったら自分は置いといて、下の選手からフォローするべきだろうって言ったんだけど、あいつは譲らなかった」

新日本との対抗戦に「それは無理だな」

03年8月には練習生だったジャイアント落合が練習中に事故死。そして9月に敢行した格闘技路線の興行「X-1」が歴史的な失敗に終わるなど負の連鎖が続き、WJは復調の兆しをみせることはなかった。

「団体はダメ、ミツオとの関係は悪くなるで、『俺はもう辞める』って言ったんだよ。

そしたら『オヤジ、逃げんのかよ』と。それでも起死回生の一手として、俺は猪木に頭を下げて、新日本とWJとの対抗戦の話を取りつけたんだよ。で、その話をミツオに言ったら、『それは無理だな』って。なんだよそれ、だよな……」

すでに長州は橋本真也が率いるZERO-ONEと単独で交渉し、対抗戦を始めようとしていた。

「やるなら新日本のほうがいいに決まってる。だけど、あいつはZERO-ONEとやるって譲らない。俺は金額を知らないけど、たぶんあいつにとって条件がよかったんだろうね。ZERO-ONEとの契約は選手を貸すだけで、ギャラは選手に入る。WJ自体にカネが入るというものではなかったから、なおさらミツオはそっちがいいよな」

このZERO-ONEとの対抗戦も起爆剤とはならず、04年2月にWJは崩壊。福田氏からの貸付金の2億円は、保証人の印を押していた永島に負債として降りかかった。

「そりゃあ、借金取りがわんさか押しかけてきたよ。ミツオのとこにも行ったと思うけど、『カネ関係は永島だから』って、こっちに押し付けてきた分もたくさんあったね」

07年に、この借金について福田が訴訟を起こす。裁判は札幌で行われ、長州と永島はともに出廷した。

「いま思うと、あの裁判は、誰が誰からカネを借りて、誰がいくら返すのかが争点で、『WJで誰が実際にカネをつかったか』は誰も追及しない。借りたカネを使ったのは俺じゃなくて、貸した人間がその貸したカネをいちばん使ってたのにな……。おかしな裁判だよ。もう終わった話だからいいけどさ……。

裁判の時のミツオとの会話？ ほとんど話してないよ。ホテルで会って、裁判に出て、すぐ帰った。そんな男だよ、ミツオは」

俺の葬式にも来てもらいたくない

これ以降、永島と長州は会うこともないという。

「『昭和のプロレス』という興行の時に後楽園ホールですれ違ったくらい。あとはマサ斎藤さんの葬儀の時に見かけた。あの時は（佐々木）健介も来ていて、挨拶ぐらいはしようとミツオに寄っていったら、健介は手でシッシッて払いのけられたってさ。そんな男だよ、ミツオは」

WJは莫大なカネを溶かしただけでなく、そこに関わった人間関係も破壊してしまった。

「WJっていうのは、俺とミツオが無知だったのがすべての元凶。それは認める。だから、巻き込んでしまったレスラーや関係者には、本当に申し訳なかったと思ってる」

永島にとっては、WJは後悔しかないという。

「もっと信頼できる人間と組めばよかったね。俺が猪木と組んでる時は、揉めることもあったけど、お互いの気持ちがわかってたからやれてた。でも、俺は長州力という人間の気持ちはまったくわからなかった。あれは難しい男だよ。俺とあいつは最初から一蓮托生じゃなかった。それを繋いでしまったのが、目の前に積まれた1億円。あれがなかったら長州力と組むことなんてなかったよ」

今後、長州と会って話したいと思うことはないのだろうか。

「ねぇよ。会いたくもない。長州の葬式があっても、行かねぇよ。俺の葬式にも来てもらいたくないね」

「自分が決断して行ったんだから、ＷＪの悪口を言うのも嫌」

証言

越中詩郎

取材・文●金崎将敬

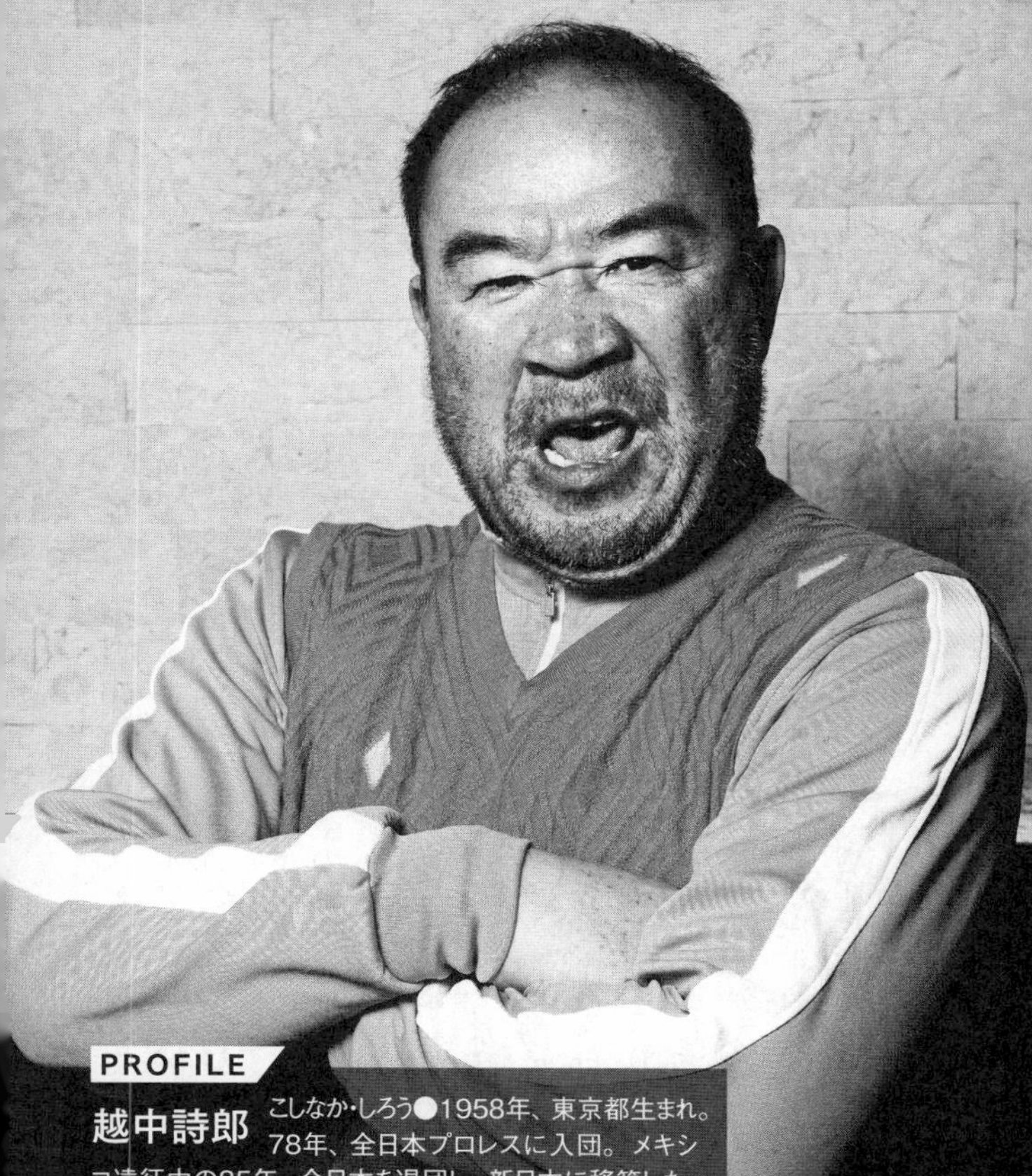

PROFILE

越中詩郎　こしなか・しろう●1958年、東京都生まれ。78年、全日本プロレスに入団。メキシコ遠征中の85年、全日本を退団し、新日本に移籍した。86年、新日本に戻った髙田延彦ら、第一次UWF勢と名勝負を演じて人気を獲得。ヘビー級転向後の92年、反選手会同盟（のちの平成維震軍）を結成し、99年の解散までリーダーとして活躍した。03年、契約満了により、新日本を退団し、長州力の立ち上げたWJプロレスに入団するが、同年退団。現在はフリーとして活躍。「ド演歌ファイター」と呼ばれているが、本人はビートルズの大ファン。

「WJ時代の楽しい思い出？　俺も40年プロレスをやってきてるけど、WJにかぎらず、あんまり楽しい思い出ってないよな。全日本プロレスも、新日本プロレスも、もちろんWJもそう。大変な思い出しかないけど、そういうのがあってのいまの自分だから。順風満帆で全部きてたら、いまの俺はないよね」

越中詩郎もまたWJによって、レスラー人生の軌道修正を余儀なくされたレスラーのひとりだ。

2002年2月、新日本の現場監督を解任され、5月に新日本を退団した長州力は、その3カ月前に新日本を退社していた新日本の元取締役・永島勝司と合流。古くからの長州のタニマチであり、北海道でパチンコチェーンや不動産業などを展開していた実業家・福田政二氏のスポンサードを取り付け、WJの旗揚げへと動き出す。

旗揚げ前の02年12月には業界関係者を招いて、「一晩で500万円が消えた」といわれる屋形船での忘年会を開催。参加者全員に、お土産として1個2万円の高級メロンが振る舞われるなど、プロレス業界全体が冬の時代に突入しかけていた最中に行われた、まさしく「目ン玉飛び出る」ようなド派手な忘年会は、業界内で話題を呼んだ。

そんななか、03年1月に新日本を退団して、WJに移籍してきたのが越中だった。

闘魂三銃士の年俸を上回ったことも

「WJ入りに関しては長州さんから声をかけられたんだけど、長州さんは『新しいものをやりたい』と。俺も、一から団体をつくっていくことに興味があったし、面白そうだなと思ったんだよ。俺は全日本と新日本しか経験がなかったからね。移籍することに対する迷いは全然なかった。もともと俺は新日本の生え抜きの選手じゃないし、外様でしょ。ある意味、レスラーってのはインパクトが大事だし、インパクトがいちばんつくのは団体移籍だからね。俺は一度、そういうことやっちゃってる人間だから、そこは前科者みたいなもんで」

越中は、78年に全日本でデビュー。海外修行に出ていたメキシコから全日本へは戻らず、85年に新日本に移籍。当初は新日本ファンにも冷ややかな目で見られていたが、ジュニア時代の高田延彦との名勝負数え唄や、平成維震軍（反選手会同盟）での活躍で、独自のポジションを確立。90年代の新日本を名実ともに支えた闘魂三銃士の年俸を上回ったこともあったという。

「プロレスって評価が難しいからね。でも、新日本時代、長州さんとか倍賞（鉄夫。新日本プロレス元専務）さんは細かい部分もよく見てくれていて、高い評価をしてくれた。だから、やりがいがあったよ」

長州の高評価もあってか、越中は、ある時期から長州の右腕的存在となっていく。

「いや、それは単に年齢的、キャリア的な部分で、俺がいちばん長州さんに近かったんじゃないのかなって。長州さんからすれば別に、『あいつ（越中）は、すごいから俺の右腕にしよう』って感じじゃなくて、『まあ、しょうがないな、キャリア的にも年齢的にも、こいつを置くか』と。そういうことだったと思うよ」

そう謙遜する越中だが、長州からは「シロー」と呼ばれ、19年1月に行われた越中のデビュー40周年記念興行には、天龍源一郎や藤波辰爾とともに、長州がゲストで登場。越中に花束を渡すなど、現在も2人は良好な関係が続いている。

「いつから長州さんにシローって呼ばれるようになったかは覚えてないけど（笑）、よくメシには連れてってもらったよね。地方とかで、2人でメシ食ったりもしたけど、長州さんはよく食べるんだよね。俺なんかよりも全然。すごいなと思ってね。でも、そういう時でもプロレスの話はいっさいしたことないな」

WJの待遇は新日本と同等

ともあれ、長州に誘われる形でWJの所属選手となった越中は、2度目の団体移籍を果たす。越中のほか、大森隆男、佐々木健介などWJ参戦レスラーへは支度金として、一律500万円が支払われたとされている。

「別にWJから高いお金で引っ張られたわけじゃなくて、待遇はあくまで新日本と同等の金額。当時、新日本の選手は給料もよかったし、新日本より低かったら、たぶん誰も行かなかっただろうし。でも、新日本以上に（お金を）出している団体はほかにないから、新日本の選手を引っ張るなら、そうするしかなかった。長州さんは新日本の選手のギャラはだいたい知ってたわけだし、福田社長にも、『この選手と、この選手が来る場合は、これだけはいりますよ』って伝えてたんじゃないかな」

屋形船忘年会に象徴されるように、杜撰（ずさん）といわれたWJの経営については、越中はどう見ていたのか？

「いきなり巡業バスを買ったり、リングを買ったり、お金の使い方が荒かったとか言うけど、それは団体をやるなら最低限必要なことだったと思う。みんなが集まって一致団結してやろうって時に、たまたま会場が屋形船で、周りから見れば豪華だったかもしれないけど、そういうことじゃないんだよな。決起集会的な意味あいもあったし、福田社長も『大事なことだから、ここはいくらカネかけてもいいよ』って思ってくれたんだろうし。だいたい、屋形船なんて俺らの高校の同窓会でも使うし、そんなにすごいこととは全然思わない。1個2万円の夕張メロン？　社長は、北海道の人だから

ね。3分の1ぐらいの値段で手に入ったんじゃないの。お金をつかいすぎてたってい
う印象はないな」

とはいえ、WJは目黒の一等地に構えた事務所兼道場、さらには社員の給料など、旗揚げする前にもかかわらず1億円を使い果たしている（福田社長は追加でさらに1億円を投入）。当時の業界の景気を考えれば、やはり時代錯誤な金銭感覚と指摘されたことは当然のようにも思えるが。

「それだってバスが2000万円とか3000万円とかかかるでしょ。2台だから。そのほかにバスの高速代や維持費もあれば、事務所の家賃もあるし、興行を打つとなると、会場だって前もって取らなきゃいけない。大阪府立（体育会館）とか両国（国技館）とか、大きい会場でやると売り上げも大きいけど、前金で会場使用料を払わないといけないんだよ。前金じゃない場合でも、終わったら払うわけだから、切符の売り上げ以外にお金をプールしておく必要だってある。

それに、たとえば名古屋で興行を打つとなったら、営業のために誰かが名古屋に張りつく必要が出てくる。ホテルに張りついて営業するとなると、その費用もバカにならないし、張りついたからといって切符が売れる保証もない。まったく興行を打ったことのない団体が、年間100何試合を目標にそういうことをやるとなったら、本来、

億あたって利かないぐらいでしょ。新日本みたいに名前があって、興行師がいて、興行を買ってくれる人がいて……っていうのが全然ないなかでWJは始まってるわけだから。なんにもムチャクチャじゃないですよ」

団体が潰れるとか、給料が遅れるとかは、よくある話

かくして03年3月1日、「プロレス界のど真ん中」を行くべく、WJは横浜アリーナで旗揚げする。しかし、旗揚げから集客面では苦戦が続いた。

「でも、俺の実感では、新日本からWJに行ってガクッと観客動員が落ちたかっていったら、そんなこともなかった。だから、WJがダメになるような話を聞いた時はビックリしたんだよ。なんでこんなに入ってるのに、ダメになっちゃうの？って」

WJ時代の越中は、全日本時代の先輩で、当時は高い集客力を持っていた大仁田厚との電流爆破マッチも闘っているが、いったい、どんな思いで電流爆破を闘っていたのだろうか。

「どういう気持ちもなにも、1枚でも多く切符が売れるんだったら、あれがヤダ、これがヤダとは言えなかったからね。そういう立場の団体でもないし、ちょっとでもお客さんの目を引いたり、記事にしてもらえるなら、それはやるしかなかった。大事な

のはメシを食っていくことであって、そのためには、いい試合をして、お客さんに感動してもらって、また来てもらおうってことしか考えてなかったよ」

そうした越中の思いも虚しく、WJは旗揚げから半年弱で選手へのギャラの遅配が始まり、鈴木健想や谷津嘉章が退団。越中も10月31日付でフリーランスとなり、WJ以外のリングにも上がるようになっていく。

「フリーになった経緯はハッキリ覚えてないけど、噂で給料が払えなくなるっていうのを聞いて、ここにいてもしょうがない、って結論になったんじゃないかな。その当時はマスコミの人たち、いまと違っていろいろ張りついてくれてた人たちがいたから、俺らにはわからない情報も入ってきてたし。

でも、そうなったことに関してフロントとか、上の人たち、周りの先輩を恨むことはいっさいなかったですね。だって、プロレスの世界で、団体が潰れるとか、給料が遅れるとか、そんなの驚くことでもなんでもない、よくある話だよ。一般の会社でもあることじゃない。引き抜かれて新しい会社に行ってみたら、新しい会社が軌道に乗れなかったとか。だから、俺も誰かを責めるつもりもまったくないし、自分が決断して行って潰れちゃったからって、そこの悪口を言うのも嫌なんだよ。

長州さんはWJが潰れたことに対してなにも言わないけど、俺も別に詫びを入れてほしいとか、そんな気持ちもまったくない。そんなことを聞きたくもないし、誰のせいでもないんだから。だいたい、一般のサラリーマンだってそうだと思うけど、前の会社の悪口言ってる暇なんてないんだよ。次の仕事をしないと、やっていけないんだから」

長州を呼び戻す新日本は懐が深い

プロレス界のど真ん中を行けなかった長州は、04年10月に新日本に2度目の復帰。一方の越中は、ZERO1-MAXやノアなどの団体でフリーランスとしての活動を本格化させていく。

「長州さんが新日本に戻ったのは意外だったかって？　いや、全然。プロレス界はなんでもありの世界だから。それと新日本は懐が深いっていうかね、裏切って出て行った人を呼び戻すことも多々あったから。俺自身は、団体を移籍するっていうことはメリットもあるけど、メリットだけじゃないこともわかっていたから、ここから先は自分次第だなって思ってたよ。

というのも、俺はいちばん最初に全日本に入った時に、馬場さんやジャンボ鶴田さん、とくにジャンボさんなんかすごいなとも思ったんだけど、その一方で、（ザ・グレート・）カブキさんや桜田（一男＝ケンドー・ナガサキ）さん、佐藤昭雄さんとかを見てたでしょ。彼らは、全日本に依存することもなく、カバンひとつで『俺は、全日本はこのシリーズだけで、次はノースカロライナ行って、ニューヨーク行って、どこどこ行って、次はいつ日本に帰ってくるかわからない』みたいなレスラー生活を送ってたわけ。だから、彼らを見ていて、『レスラーって、どこかに依存するんじゃなくて、呼ばれたところに行って、ダメだったらもう呼ばれない。試合がよけりゃ、また呼んでもらえる。それが本当のプロレスラーなんじゃないか』っていうのを教えられた気がしたよね。そういう生き方をするには、日々の試合をしっかり闘って、しっかりトレーニングするしかないからね」

かつて天龍や長州、藤波といった「先輩たちがまだまだ現役だから、俺も頑張れる」と語ったこともある越中。その長州も19年6月26日、後楽園ホールでの6人タッグの試合をもって引退することが決まっている。

「長州さんに贈る言葉？　『長い間、お疲れ様でした』ですよね。ゆっくり休んでもらって、またメシでも行きましょう。まあ、俺はまだ現役なんで、ホントは今度は俺が奢らなきゃいけない立場なんだけど、そこはワリカンにしてくださいって（笑）」

6月26日、後楽園ホール。越中は、長州最後の試合となる6人タッグで、石井智宏とともに長州のパートナーを務める。

ど真

第5章 出戻り長州を〝嫌悪〟した男たち

証言

金本浩二

「出戻ってきた人間に指図されるのは面白くなかった」

取材・文●ジャン斉藤

PROFILE

金本浩二 かねもと・こうじ●1966年、兵庫県生まれ。栗栖正伸トレーニングジムを経て、90年、新日本プロレス入門。メキシコ武者修行からの帰国後、92年に3代目タイガーマスクとなるも、自身のスタイルとのギャップに苦しみ、1年ともたず覆面を脱ぐ。相手を真っ向から叩き潰すスタイルで、とくに対抗戦では他団体のジュニア選手に恐れられた。2013年、限定出場を続けていた新日本を退団。以降、フリーとして他団体に参戦。現在も活躍を続ける。

「長州力？　あの人のことは、大嫌いですね」

長州力が支配していた90年代の新日本プロレスでIWGPジュニアヘビー級のベルトを何度も獲得し、「ベスト・オブ・ザ・スーパージュニア」を3度も制した金本浩二は、大の長州力嫌いを公言している。それは関西弁の口調も相まって、愛のあるいじりにも聞こえるが……。

「俺は24時間長州力だ」と金本に力説

「いやいや、本当に嫌いなんですよ（苦笑）。もともとプロレスの世界には藤波（辰爾）さんに憧れて入ってますし、ライバルだったあの人のことは好きじゃなくてね。藤波さんと長州が大阪府立体育会館で試合をやった時に、藤波さんは（エル・）カネックと長州の2連戦やったんですよ。その時に俺はイスの上に立って『藤波行けー！長州ぶっ殺せー！』ってずっと応援してましたからね（笑）。

新日本では藤波さんの付き人もやったし。最初は武藤（敬司）さんの付き人だったんですけど、藤波さんに直々に『俺の荷物を持ってくれるか？』と言われて『はい！』って答えました。最終的に『お前は、たっつぁん（藤波）の付き人になれ！』って命令したのは、長州なんですけどね」

ファン時代から藤波派で、藤波の付き人も務めた金本は、長州のファイトスタイルや考え方も好みではなかった。

「長州のスタイルは好きじゃないし、試合に魅力を感じなかったですよ。ラリアットとか嫌いですね。あの頃はみんなラリアットばっかりやっていたでしょ。俺がいままでラリアットをやったのは、（グレート・）サスケにやった1発しか記憶がないんですよ。あの時は咄嗟（とっさ）にやっただけですしね。

長州にいろいろと言われたこともありますよ。昔、俺の地元の神戸ワールド記念ホールで興行があったんですけど、取材で『俺が注目されるようなカードではないだろ！』って文句を言ったらそのまま書かれてたんですよ。そうしたら長州と永島（勝司）のオヤジの2人に呼び出されてメッチャ怒られましたね。『お前、これ、ホントに言ったのか！　バカヤロー！』ってゴミ箱を投げつけられたんですよ。

契約更改の席でも長州が俺にこう言うんですよ。『俺はラリアットとバックドロップ、サソリ固め、この3つの技でプロレスができるように成り立ててるんだ』って。俺は当時若手でしたから下を向いて『はい、はい』って聞いてたけど、内心では『お前、それしかできんのやろ！』って思ってましたから（笑）。

あと『俺は24時間長州力だ』とも俺に力説するんですけど、それも内心は『じゃあお前、札幌でパチンコ屋に入る時に『長州や！　長州がパチンコ屋に入って行ったぞ！』と一般の方が言ってるのを街中で見たけど、あれも長州力の姿なんだよな』って（笑）」

金本は長州力の後輩レスラーとの接し方にも違和感を抱いていた。90年代の新日本にはアマチュアレスリングのエリートたちが続々と入団していた。長州力もレスリング出身。ノンキャリア組との扱いに明らかに差を感じたという。

「厳しいのはいいんですよ。練習や試合に対しても厳しいのはいいんです。でも、理不尽なんですよね。俺が見てるかぎりでは、アマチュアレスリングのトップクラスだった中西（学）や永田（裕志）、石澤（常光）以外には冷たいんですよ。レスリング出身以外には冷たい。まあ藤田（和之）はよく怒られてましたけど。それは藤田のプロレスに対する考え方がすでに総合格闘技的な考え方やったからやと思う」

現場監督としての力量だけは評価

とにかく金本が長州嫌いなのはわかった。しかし、そんな金本も現場監督としての長州の力量は評価していた。

「レスリングあがりを大事にしてたとは思うけど、あの人は現場監督として、試合や興行に対してはプライベートな感情は入れてなかったことはわかりますよ。そこはしっかりしてたように思うんですけどね、いまの新日本よりは。特定の選手を仲がいいからってことでピックアップはしない。個人的な好き嫌いでやっていたら自分なんかジュニアのトップに行かないですからね（笑）。そこだけはあの人はすごいなって思いますね」

長州力と仲の悪かった橋本真也は、〝ミスターIWGP〟として新日本のエースに君臨していた。現場監督・長州力は、私情を捨てて90年代の新日本をプロデュースしていたわけだ。

「あのファイトスタイルもね、嫌いですけどね、長州力という存在感はありましたよね。俺が大阪府立の会場で入門テストを受けて合格をもらって、そのまま観ていってくれって言われた時のメインが長州と橋本さんやったんですね。あの試合の印象が残ってますね。

あとはUインターの安生（洋二）さんとの試合かな。安生さんってバリバリやったら強いじゃないですか。長州がどこまでできるのか？って。長州ってあれでもレスリングでオリンピックに出てますからね。そりゃ強いでしょ。でも、あの時は歳が歳ですから安生さん相手にどうなるのかなって。さすがに自分も『いってまえ！』って長州を応援してましたよ（笑）。同じ新日本っていうことで『いってまえ！　潰してしまえ！』って思ってましたよ。あん時の長州は強かったですね」

ただでさえ長州とウマが合わなかった金本の長州嫌いが本格化したのは、98年1月4日に現役引退した長州が2000年7月30日に復帰してからだった。

「引退した時に払ったご祝儀5000円を返せって話ですよ（笑）。選手や社員から1人5000円ずつ集めてね、けっこうな金額ですよ。それ以外にも会社からお金は出てるでしょ。俺なんかあれだけ頑張ってやってきたのに、新日本を辞めた時に退職金もなにももらってないですからね。

長州は復帰したあとに新日本を辞めてWJを始めたでしょ。こっちは新日本が落ちかけた時にずっと団体を守ってたんですよ。向こうはWJがダメになってまた新日本に帰ってきたけど、どの面下げてって話ですよ。あん時俺はホンマにね、『おい、コーヒーこうてきて』って小銭を渡す寸前でしたよ。でも、さすがに先輩にそれは言えないですからね」

長州とは2回ケンカした

新日本に戻ってきた長州力は再び現場監督に就いたが、以前のように選手たちとの信頼関係は構築できなかったという。

「みんな長州にはイライラしてましたよ。やっぱり出戻ってきた人間に指図されるのは面白くなかったんでしょうね。俺は基本的に嫌いなヤツは徹底的に嫌うタイプなんで。だから俺が長州のことが嫌いだってことは向こうも知ってるだろうし。

ある時、俺が早めに後楽園ホールに行って練習をしてたら、長州がやって来て。極力会いたくないんで控室に戻ったら、その控室に長州が入って来たから、自分はまた出ていったんですよ。そうしたら『お前、なんで俺が来たらいつも消えるんだ？』って聞くから『いや、俺はお前のことが嫌いやし』って言ってやりましたよ。長州が笑いながら俺に『お前、人相が悪いな』って。向こうも俺のことは嫌いだと思いますよ。絶対にそうですよ」

この証言と、次に紹介するエピソードを聞くかぎり、長州は金本との距離を縮めたがっていたように見えるのだが……。

「長州がUターンしてきたあと、地方巡業中の大阪で、なんばワシントンホテルに泊まったことがあるんですよ。ホテルの1階に中華レストランがあったんですけど、ホテルのフロントの前を通ったら、そこの店から『金本！』って呼ぶ声が聞こえて。誰だと思って見たら長州だったんですよ。長州に『メシ食ったんか？』って聞かれたんで『はい、食いましたよ』って返したら『ああ、そうか』って。あれ、もし俺が食ってないって言ってたらどうなってたのかなって、いまも気になってしょうがないですよ（笑）。まさか仲の悪いオッサン2人でメシを食ったんですかね」

そして長州との関係が決定的に壊れる瞬間がついに訪れる。

「口論にもなりましたからね。2回ケンカしたのかな。どっちも（獣神サンダー・）ライガーさんが『どうしたの？　どうしたの？　やめ！　やめ！』って止めてくれてね（笑）。どんな理由だったかなあ。そうそう、俺がライガーさんと試合をやった時ですよ。入場する時の顔の表情に対して『お前はやる気を見せてない顔をしてた』って言われて、俺は最初こそは黙って聞いてたけど、もう我慢できなくなって立ち上がって『なにコラー！』って怒鳴ってしまったんですよ。それで向こうも『なにコラってなんだコノヤロー！』って殴りかかってきそうになった時に、ライガーさんが『まあまあ！』って止めてくれて。ライガーさん、俺と試合をしたあとなんですけどね（笑）。

あれから長州とは、ほとんど口をきかなくなったんですけど……どこかの会場で会ったりしたら、とりあえず挨拶だけはしようと思って、挨拶はしますけどね」

「今度こそ復帰するなよ!」と言いたい

金本にとって天敵に近い長州力が、19年6月26日に2度目の引退を決断したことはどう受け止めているのだろうか。

「嫌いだとかいろいろ文句を言ったけど、ホンマにお疲れ様でした、と。俺もプロレスラー生活30周年に入るんですけど、あれだけ長い間やるのは大変ですよ。まあ、僕も50歳を超えてますし、いまはちゃんとお疲れ様でしたって言えますよ。向こうも67歳じゃないですか。お互いオッサンですからね、向こうも丸くなってるんじゃないですか。

でも、絶対に復帰するなよと。引退は2回目なんでね。俺は学生の頃からテレビでプロレスを観てて、長州力がおったから藤波辰爾があそこまでなったし、藤波辰爾がおったから長州があそこまでなったし、あの2人の試合があったから俺もプロレスラーになってますからね。だからお疲れ様です！って言いますけど、今度こそ復帰するなよ！って言いたいですね」

「自分は新日本で歓迎されてない」と感じていた長州

証言

田中ケロ

取材・文●寺西ジャジューカ

PROFILE

田中ケロ たなか・けろ●1959年、愛知県生まれ。本名、田中秀和。80年、新日本プロレス品川大会のジョージ高野vs荒川真戦でリングアナデビュー。以後「世界一のリングアナウンサーになる」をモットーに、2006年に退団するまで"新日本の顔"的な役割を担っていた。コールに前口上を挟んだり、パウンドではなく身長、体重でコールするなど、新しいリングアナ像を築いた。18年、宮城県大崎市古川に飲食店「けろじん」を開店。

新日本プロレスの中堅選手にすぎなかった長州力が、初めてリング上で〝異変〟を見せた瞬間は、1982年10月8日の後楽園ホールでの6人タッグマッチ。この試合でコールを受けた瞬間だった。藤波辰巳よりも先に名前をコールされた長州はあからさまに不機嫌な表情をし、リングアナウンサーである田中ケロへクレームをつけた。

「『なんで俺が先だ？』みたいなことはたぶん言ってたと思うんです。ああいう口調だからなに言ってるかわからなかったんですけど、ただ、『なにか文句を言ってるな』とはわかりました。その時、自分は腹の中で『いいじゃん、別に。決まってんじゃん、これで。なんでイチャモンつけるの？』って。対戦カードも『長州力、藤波辰巳、アントニオ猪木の順番で書かれて控室にあるじゃん』と思って。別にメキシコで頑張ってようと日本のファンは関係ないし。藤波さんはニューヨークでチャンピオンになった人だから上じゃないですか。メキシコから凱旋したからって長州さんを上にする理由はなかったです」

上に従う、自己主張しない〝ちょうしイイりき〟

田中が新日本に入った時（80年）、長州はあらゆる意味で中堅レスラーだったという。

「嫌な意味ですけど『サラリーマンレスラーみたいなイメージだな』って印象があっ

たんです。上に従うっていうか、言われたとおりにするっていうか、当たり障りなく過ごしていくっていうか。自己主張しないようなイメージでした。『毎日が楽しく過ごせりゃいいや』みたいな。だから〝ちょうしイイりき〟って密かに頭の中で思ってましたもん。ひどいね俺（笑）」

世に言う「噛ませ犬発言」によって、長州は大ブレイクを果たす。彼のポジションを上げたのは藤波との抗争、名勝負数え唄だ。そんななか、84年2月3日の札幌中島体育センターで、藤波との一騎撃ちに向かう長州が藤原喜明に襲撃されるという〝テロ事件〟が起こる。この頃、田中は猪木からある不満を聞かされていた。

「『（藤波vs長州戦は）やりすぎ』って。当時、坂口（征二）さんがカードを考えていて、面白いカードはずっと続けるんですよ。で、猪木さんはそれに対して自分に言うんです。『同じことやってもしょうがねえだろ。なあ、ケロ。面白くないよなあ〜』って。このままだと尻すぼみになるということですよね。それを聞かされて『俺、関係ねえのに……』って困ったんですけど、たしかに自分も藤波vs長州戦はやりすぎだと思ってましたね。だから、札幌で長州さんに藤原さんをぶつけた会長（猪木）……別に会長か誰かは全然知らないですけど（笑）、すっごい人選だよなあと思って。ただ、札幌で藤波vs長州の試合をやるのはこの日が初めてだったので、札幌のお客さんはかわいそうだな、っていうのはありました（笑）」

長州さんと橋本の仲がダメということはない

84年9月に「新日本プロレス興行」（のちのジャパンプロレス）へ移籍した長州は、主戦場を全日本プロレスに移したが、ジャパンは分裂し、87年4月に長州軍団は新日本へUターンする。当時、若手だった橋本真也は出戻り組に反感を抱き、そして事を起こした。ヒロ斎藤vs橋本真也（87年6月3日、西日本総合展示場）の一戦である。この試合で斎藤の指の骨を折った橋本は、控室で長州とマサ斎藤から制裁を受ける。のちに続く長州と橋本の不仲のきっかけとされる一件だ。

「いや、長州さんと橋本がダメってことはないと思いますよ。ある意味、煽り（あお）じゃないかと思って。藤波さんの〝ドラゴンストップ〟ってありましたけど（長州vs橋本、2001年1月4日、東京ドーム）、本人たちは危ないと思ってないのに『これ以上試合させたら危ねえ！』って周りがびびっちゃったのかもしれない。でも、それって逆に言うと殺気があるということですよね。そういう試合を長州さんと橋本はやりたかったのかもしれない。個人を恨むとかは絶対ないと思います。あったら、絶対にカードを組めない。どんなスポーツもそうですけど、『この人はルールを守る』っていう信頼関係がないと絶対試合はできないですよ。

長州さんが現場監督だと空気がピリピリするし、長州さんとぶつかる選手は多かったです。大谷晋二郎も『辞める！』って（ZERO-ONEに）出てったし、北尾光司とも揉めたじゃないですか。そういうのはありますけど、試合に関して揉めた、はないです。いまだに長州さんを人間的に嫌いっていう人はいるかもしれない。でも、試合となったら違います。プロですから」

89年に猪木は参院選へ出馬し、当選。これを境に新日本は坂口-長州体制になる。長州が現場監督になって間もなくの頃、長州&蝶野正洋vsマサ斎藤&橋本（89年10月13日、後楽園ホール）というタッグマッチが行われた。この試合は蝶野が大暴走し、短時間（2分39秒）の反則決着で試合は終結。不満渦巻く観客に「俺だってプロだ、てめえらガタガタ言うな！」と蝶野がマイクで言い放ち、会場は暴動寸前に。ここで田中が「自分がクビをかけて（上と）話し合います。こんなの新日本じゃない！」とファンにマイクで説明すると、長州が田中の胸ぐらを摑むという事態に発展した。

「『お客さんをこんなに満足させせないのはプロじゃない』と思ったからああいうことを言ったら、そのあと、控室で長州さんに1時間説教されました。『選手がやってることに対してお客さん側についてどうする。お前は肯定派にならなきゃいけないんだ』ってことを言われて。でも、半分くらい聞き流してましたよ（笑）。猪木さんと（ビッグバン・）ベイダーの試合（87年12月27日、両国国技館）での俺の土下座にしても、それまで新日本側の立場でお客さんに謝ってたんです。お客さん側についたのはこの時だけ。『お客さんが望むのはこれじゃないよ！』という怒りですよね。でも、この件で説教されたからって長州さんとはなにもなかったです。長州さんは言ったら言ったでカラッとしてる人だし、俺は俺で聞き流してるからぶつかり合うこともないし（笑）。

そんな常に選手側の立場だった長州さんだから、現場監督になる時にすごく悩んだって聞きました。選手の命を預かるっていうのは重い責任があるし、『守れるだろうか？』と悩んでいたそうです」

初めて見た借りてきた猫のような長州

02年に新日本を退団した長州は、その際に辛らつな言葉を口にした。「あの人は常に怯えてる人、コンプレックスがある」「あの人に弟子はいない」「人間的になにか欠落している」と、師匠の猪木を徹底批判したのだ。

「長州さんは猪木さんをすっごいリスペクトしてる。だから、この時の長州さんは半分本音で、半分はWJに行く理由づけだと俺は思います。いいこと言っては行けないじゃないですか。で、たしかに会長はコンプレックスを持っているし、『アントニオ猪木はいつまでアントニオ猪木でいれるのか？』っていう怯えもずっとあった。だから、この時は長州さんが思っている本音も入ってるとは思います。でも、もう半分は建前ですね」

しかし、WJは大失敗となり、経営不振により04年6月に早くも最終興行を打った。そして同年10月9日、長州は新日本の両国大会に乱入して新日本復帰を果たす。

「長州さんが帰ってきた時、団体内の雰囲気は悪かったです。新日本もすげえ苦しかったじゃないですか。苦労して客を入れなきゃっていう時に『なんで戻られたの？』『また長州さんが実権持つの？』って。長州さんも今回は新日本が歓迎してないって雰囲気でわかったと思います。どこかのドーム大会で控室に対戦カードを貼りに行ったら、暗い中で長州さんがひとり椅子に座ってボーッとしてることがあったから。『自分は新日本で歓迎されてない』って感じてたんじゃないですか。ああいう長州さんを見たのは初めてでした。当時は新日本と猪木さんがうまくいっていない時期で、『猪木さんが長州さんを押し込んだんじゃないか？』っていう考えがみんなにありました。長州さんに怒ってるというより、長州さんの復帰を画策した人に対しての怒り。

それが猪木さんなのか、上井（文彦）さんなのか、猪木事務所なのか。

自分は04年に坂口さんから言われてマッチメイクを担当するようになって、とにかく中邑真輔と棚橋弘至と柴田勝頼を売ろうと思ってました。そこに長州さんの名前は出てこないですよ。正直、必要な存在じゃなかったです。長州さんのカードで客が入ると思わなかったし、復帰になんの意味があったんだろうって。しかも、のちに現場監督へ復帰しますからね。ほらね、ですよ（笑）。

現場監督に再起用された長州さんの仕事ぶりですか？　時期は被ってるはずなんですけど、全然覚えてないです。ドームの控室で借りてきた猫みたいだったので、長州さんもやりづらかっただろうな、とは思うんですけどね」

いまとなっては珍しいことではない長州のバラエティ番組への出演だが、まだ革命戦士のイメージの強かった83年、『笑っていいとも！』のテレフォンショッキングに出演したことがあり、この時、田中も収録に帯同していたという。

「俺が客席にいたらタモリさんにステージに呼ばれて、『長州力〜！』ってコールして長州さんを呼び込んだんです。いま長州さんをテレビで観る機会は多いですけど、昔から面白さは持ってましたよ。維新軍の最初の頃は人を近づけないピリピリした雰囲気がありましたけど、新日本の本隊に入ってきたら（巡業の）バスとかでは面白いおっさんですから。だから、〝ちょうしイイりき〟なんです（笑）。いまのテレビでの活躍は全然納得できます。

長州さんは引退式を前にやっちゃってますから（98年1月4日、東京ドーム『FINAL POWER HALL in 闘強導夢』）、6月の引退興行は、引退というかフェードアウト。本人が納得されるいい形で、リングシューズを脱いでもらいたいと思います。そして、いまできる最高の動きをしていただきたいです。長州力から吉田光雄に戻る、その長州力の最後はしっかり締めてほしい、しっかり終わらせてほしいと思いますね」

「復帰させましたが、新日本の選手全員が長州力を嫌いだった」

証言

上井文彦

取材・文●寺西ジャジューカ

PROFILE

上井文彦 うわい・ふみひこ●1954年、山口県生まれ。77年に新日本プロレスへ入社し、営業を担当。84年、第一次UWFに営業次長として参加。85年に新日本に復帰。2002年、長州力の新日本離脱後にマッチメイカーに就任。04年、柴田勝頼、村上和成とともに「ビッグマウス・ラウド」を立ち上げる。前田日明をスーパーバイザーとして、プロレス興行の開催や、総合格闘技イベント「HERO'S」に関わった。現在は「STRONG STYLE HISTORY」をプロデュース。

長州力と上井文彦の2人には妙な因縁があった。ともに山口県の出身で、上井は新日本プロレスの入社試験を1977年5月22日に大阪府立体育会館で受け、吉田光雄が長州力に改名したのも、実はこの日のこの場所だった。

「新日本に入った頃、同郷ということで長州さんにはいろいろイジってもらいました。草津の社員旅行では『山口弁で話しよるヤツがいると思ったら、お前か!』って声をかけられて、その日は誰と同部屋か聞かれたんです。『ストロング小林さんと木戸修さんです』って答えると、『お前、ヤバイなあ(笑)。小林さんと木戸さんはデキてるんだぞ!』ってつくり話でからかうんですよ。私は戦々恐々で(笑)」

大事なのはお金。イデオロギーはあとから

そんな気の置けない先輩が豹変したのは82年にメキシコ遠征から帰ってきてからであった。

「後楽園ホールの6人タッグマッチ(猪木&藤波辰爾&長州vsアブドーラ・ザ・ブッチャー&バッドニュース・アレン&S・D・ジョーンズ、82年10月8日)がある前日、京王プラザホテルで社員とレスラーが集まってある人の講演を聞く勉強会があったんです。それが終わって私が1人でぽつんといたら、メキシコから戻ってからまだ会ってなかっ

た長州さんがいきなり来て『おい！　お前、明日の俺の呼ばれる順番知ってるか？』ってコールのことを聞くんです。知るわけないじゃないですか。『俺はメキシコであんだけ臭い飯食って、世界タイトルまで獲って帰ったのに、まだ藤波の前だよ！』って。呼ばれる順番っていちばん格下から呼ばれて、中堅、そして最後は猪木さんが呼ばれるから。長州さんからしたら、メキシコで実績残して帰ってきたから、呼ばれるのは猪木さんの前だよな、っていうのがあったんじゃないですか。『武者修行行ったって、まだこんな順番かよ』っていう。その時の真剣な怒りっていうのは忘れないよねえ。間違いなく本気の感情。だって、私に演技することないじゃないですか。そこにお客さんもいないのに」

長州の〝噛ませ犬〟発言は82年10月。その2年後の84年9月に長州は新日本プロレスを退団し、ジャパンプロレス（のちのジャパンプロレス）へ移籍する。そして、85年8月のジャパンプロレス自主興行では「もう、馬場、猪木の時代じゃない。俺たちの時代だ」とアピールした。ほとばしる情熱とスピード感、トップに立つという気概が満ちあふれているように思えた。

「違うねえ。その時、長州さんがジャパンをチョイスしたのは、はっきり言ってコレ（親指と人差し指で輪っかをつくる）だと思うよ。いちばんお金持ってたのは竹田さん

（勝司、元ジャパンプロレス会長）なんだから。竹田さんは言われるままに億単位のお金を出したよ。トップを獲ろうとかじゃなくて『いま自分がこの額で売れるんだったらこっちに行こう』っていう打算。

長州さんの相手をすると『結局、俺はカネヅルか？』っていう気持ちになるんです。だから、竹田さんは長州さんに対して言いたいことがいっぱいあるんじゃないかな。私が新日本に長州さんを復帰させた時、『長州に会ったら電話するように伝えてよ』って言ってた。でも、長州さんはしなかった。電話できないなにかがあるのか。竹田さんに対して負い目があるんだと思いますけどね。そんなこと私が想像しても仕方ないけど。

長州さんはわかりやすくて、全部コレ。昔からヒキガエル呼ばわりしてた大仁田厚を横浜アリーナに上げた試合（長州vs大仁田、2000年7月30日）も相当いいギャラが出たと思いますよ。長州さんにはイデオロギーなんかなくて、コレを続けるためにあとからイデオロギーをつけるの。

でも、いいところもあるんです。私が（第一次）ＵＷＦにいた時に新幹線で長州さんと会って。先に向こうが降りたんだけど、その前にわざわざこっちへ来て『これ、お前のじゃないからな。お前の女房のだからな』って胸ポケットに5万円突っ込んで降りてったんです。お金にうるさいけど、ここぞという時にはそういうことをするの。決してがめついわけじゃなくて、きっとお金で嫌な思いをしてるんだと思う。育ちだってあるかもしれない。そんなの、誰も責められないって。それは持って生まれた人生じゃないですか」

猪木さんへの罵詈雑言は心の底からじゃない

新日本の現場監督として辣腕を振るった90年代の長州。しかし、現場監督になったばかりの頃は不安な気持ちを隠せていなかったという。

「スティーブ・ウィリアムスが来日した時が、長州さんが初めて現場監督になったシリーズ。はっきり覚えてるけど、巡業のバスの中で『俺が現場監督やって務まるかな？』ってこっそり言ってました。私だったら新日本の人間でも現場とは無関係な営業だから本音で言えるでしょ。選手に言ったら『なんだ、この人？』って思われるじゃない」

結果的に、坂口-長州体制の新日本は隆盛を誇った。権勢を握る長州からは天下人のオーラさえ漂っていたという。

「99年に坂口（征二）さんが降りて藤波さんが社長になるでしょ？　あの時、本当は長州さんに声がかかったんですよ。でも、長州さんが辞退して藤波さんがなった。順番を考えての判断ですよ、やっぱり。長州さんは自分がどう思われるかっていうのを常に考えてるから。G1で全勝優勝した時（96年）だって、ハナから考えてる。第1回は全敗だったでしょ？　三銃士や藤波さんを優勝させたあとに自分が全勝優勝をした。それが長州力の野心。『自分が優勝する時のための布石を打ってるな』と思ったら、やっぱりやったもんね。もう、文句言うヤツいないじゃない。文句を言わせない状態でいるということに関して、ものすごく深く考える人です。だから、『いま社長になったら藤波にどう思われるか？』って思ったはず」

そんな長州も02年に新日本を退社し、WJ設立に走った。この時、長州は師匠・猪木に対して辛らつな言葉を口にしている。「あの人は常に怯えてる人、コンプレックスがある」「あの人に弟子はいない」「人間的になにか欠落している」と。

「長州さんはものすごく猪木さんをリスペクトしてるから、罵詈(ばり)雑言ったたって心底からじゃない。猪木さんの薫陶を受けている人は、よその人が猪木さんのことを言ったら怒るんですよ。『俺らが猪木さんの悪口を言うのはわかるけど、お前が猪木さんとなんの関係があるんだよ！』って。悪口を言ったとしても、みんな猪木さんに会いたいんです。だから、新日本の人間が猪木さんの悪口を言ってても、絶対に相槌打ったらいけません。みんな、心の中で猪木さんのこと好きやから（笑）」

弱気の長州は〝借りてきた猫〟

結果的に、長州のWJは大失敗となり崩壊。その後、ハッスルなどに参戦していたが、決してプロレス界の〝ど真ん中〟ではなかった時期の長州に声をかけ、04年10月9日の新日本復帰を画策したのは上井だった。

「新日本にインパクトを与えようと思ったから。ファンだって長州力が戻ってくるなんて思ってないじゃない。当時、私は新日本を辞めるつもりだったから、復帰後の展開なんて考えてなかった。

長州さんってわかりやすいのは、自分が心許ない時はものすごい弱気。復帰の日も居候のようで、〝借りてきた猫〟みたいだった。本当に言うとおりに動いてくれましたよ。

あの日、長州さんが両国国技館に来るって知ってたのは私と倍賞鉄夫さん、『ワールドプロレスリング』プロデューサーの松本仁司さん、あとはリング上で長州さんの相手をする永田裕志だけ。長州さんのことを嫌いな（獣神サンダー・）ライガーなんか、長州さんが現れるとすっ飛んで行ったもんねえ。

当時、新日本の選手は全員、長州力がダメだったんです。昔は現場監督として圧倒的な存在だったから言えなかったけど、本当は長州さんを嫌いだったの（笑）。あの日、私が控室に行くと『お前、知ってただろう！』って（山本）小鉄さんにまで言われたし、坂口さんからは『お前は最初からこうなるって知っとったんか⁉』って、めっちゃ言われました（笑）」

長州新日本復帰の激震から3日後の10月12日、上井は新日本に辞表を提出した。

「新日本を辞めるって長州さんに伝えたら、『お前が辞めるなら俺も新日本に行けないですよ』って言ってました。両国の騒ぎが原因で私が辞めると思ったんだろうね。違う。私はハナから新日本には残れんと思ってたのよ。

でも、その後、新日本で再び現場監督になって長州体制ができるでしょ。金村（キンタロー）とか、新日本を離れていた時期にお世話になったヤツばっかり使うのよ。見てて『あ〜あ、こんなふうになったかあ……』と思って（笑）。昔はインディーのことをあんだけボロクソに言ってたのに、なんでこんなふうになるんやろうって」

長州vs健介戦は、これ以上ないクソ垂れた試合

新日本を退社した上井はK-1のバックアップを受け、プロレスの興行「WRESTLE-1」（05年8月4日、両国国技館）を手掛けた。当日はトーナメントが行われ、

1回戦で長州vs佐々木健介という刺激的なカードもマッチメイクされた。この試合で勝利したのは、弟子の健介。ピンフォールを奪われた直後、長州はまるでダメージがないかのようにスックと立ち上がり、健介に握手を求めるという態度だった。ほとんど無気力と言っていいような試合ぶりだった。

「ランディ・サベージが新日本でしょっぱい試合した時、『あの野郎、リングでクソ垂れやがって！』って長州さんは怒ってたけど、（長州vs健介戦は）これ以上にクソ垂れた試合があるか!?　と思ったもん。だって、負けてすぐ立ち上がるんだよ？　そんな、『負けてやったよ』みたいな。それはプライドなんだろうけど、逆に言うと、超一流のプロレスラーだったらあんなことしないと思うけどね。こんな人なんだろうなと思った」

最後に、6月に引退する長州に向けてのメッセージを上井に聞いてみた。

「宝島社さんにお世話になっているので今日はここまで話しましたけど、私は長州さんに未払いのギャラがあるので、引退に際してメッセージを送る立場ではありません。だいたい、長州さんを語るのもおこがましいです。今回触れたのは過去の長州さんについての話だったからで、現在の長州力に触れることはできません。だから、いまの長州さんに、はなむけの言葉を贈る資格もありません。申し訳ありません」

「長州の現場監督復帰は、どん底状態の新日本を救った」

証言

金沢克彦

取材・文●堀江ガンツ

PROFILE

金沢克彦

かなざわ・かつひこ●1961年、北海道生まれ。青山学院大学卒業後、86年に新大阪新聞社へ入社し『週刊ファイト』記者に。89年、日本スポーツ出版社へ入社。『週刊ゴング』編集部に配属される。99年、『週刊ゴング』編集長に就任し、実売数で『週刊プロレス』を抜くなどの実績を残す。2004年に編集長を降板し、翌05年には日本スポーツ出版社を退社。現在も『ワールドプロレスリング』の解説者などプロレス業界で広く活躍中。

長州力の45年に及ぶプロレス生活のなかで、最も多くの単独インタビューをしたのは、間違いなく〝GK〟こと金沢克彦だろう。

とくに90年代は、『週刊ゴング』の新日本プロレス担当記者として、新日本の現場監督だった長州に深く食い込んで信頼関係を築き、定期的に独占取材を敢行。「おい、金沢」と、長州が名前を口に出して呼ぶ対談のようなインタビュー記事は、当時のゴングの名物であり、ライバル誌『週刊プロレス』にはできない大きな売りでもあった。ちなみに、2001年にはこれらのインタビューをまとめた、その名もズバリ『おい、金沢』という単行本も出版している。

また99年1月にゴングの編集長に就任し、04年に辞任するまでの間は、長州にとっても、新日本の現場監督の座を解かれ、WJプロレスを旗揚げし、わずか1年足らずで崩壊した激動期だった。

つまり金沢は、長州の現場監督としての絶頂期から最も苦しい時期まで、最も深く取材してきた人間でもあるのだ。

そんな金沢と長州の最初の大きな接点は、87年にまで遡る。

この年の2月、当時ジャパンプロレス所属の長州は、全日本プロレスの「87エキサイト・シリーズ」を欠場。そのまま行方をくらました。ジャパンからは「右手首の腱鞘炎（ガングリオン）と風邪の発熱性の下痢のため」と欠場理由が発表されていたが、長州は新日本へのカムバックが噂されていた時期であり、このタイミングでの失踪はマット界を揺るがす事件だった。

この時、潜伏先の群馬県伊香保温泉で、唯一、長州をキャッチしたのが、『週刊ファイト』の新人記者時代の金沢だったのだ。

「長州さんが伊香保温泉にいるっていうのは、もともとターザン山本さんが（長州の大学の先輩である）松浪健四郎さんからもらった情報だったんですよ。でも、山本さんはそれを週プロで独占せずに、仲のよかったファイトの井上譲二（副編集長）さんにも流したんです。

それで僕が急遽、伊香保温泉に行くことになった。週プロからも安西（伸一）さんと市瀬（英俊）くんが来て、ホテルのロビーで長州さんを張ってたみたいなんですけど、僕が夜8時頃、ホテルのロビーに着いた時はもう彼らは引き上げてて。たまたま、僕だけが浴衣姿の長州さんに会ってしまったんですよね。

それで恐る恐る長州さんを直撃したら、ギロッと睨まれて『お前、誰から聞いた⁉ かますぞ、コラ！』って言われたんですよ（笑）。恐かったですね。ただ、ここまで来てなにもせずに帰るわけにいかなかったので、僕が食い下がっていったら、『俺に会わなかったことにしてくれ。お前が黙っていてくれるなら、俺は借りは必ず返すから』って言われて。『いいか、男と男の約束だぞ』って無理やり握手させられたんですよね」

その後、結局、長州は全日本のリングに戻ることはなく、小林邦昭、スーパー・ストロング・マシン、ヒロ斎藤、保永昇男、馳浩らを引き連れ、強引に新日本にカムバック。6月には藤波辰爾、前田日明らに決起を呼びかけ、新旧世代闘争の中心人物となった。

「その年の7月、ちょうどナウリーダーvsニューリーダーの新旧世代闘争がスタートした時、長州さんのほうから『函館大会で取材を受ける』っていう連絡をもらって、そこで単独インタビューをやらせてもらったんですよ。

当時の長州さんは、試合後のコメントや記者会見以外では、プロレス雑誌はもちろん、東スポの取材すら受けない全社取材拒否の状態でしたから、そのインタビューはかなりのスクープでしたよね。周りは『なんでファイトだけ取材を受けてるんだ?』みたいな感じで、驚いてましたから」

このインタビュー記事は、『週刊ファイト』に2週にわたって掲載され、大きな話題を呼んだ。そして長州の独占インタビューに成功した「金沢」の名も、ここから認知されるようになったのだ。

猪木から長州への〝政権譲渡〟の儀式

長州力はその後、新日本でメインイベンターを務めるだけでなく、90年代には現場監督、つまりマッチメイカーとして現場の全権も握るようになった。そんな〝長州政権〟は80年代末にすでに始まっていたという。

「長州さんが実質的に現場監督になったのは、89年4月24日の東京ドーム初進出より前のことなんですよ。89年7月に猪木さんが参院選に出馬しますけど、それはおそらく88年後半から考えていたことで、坂口（征二）さんに対して内々に『俺に代わって社長をやってくれ』と言っていたようなんです。

それで坂口さんは、社長を引き受けるからには現役を引退するし、マッチメイクからも引かなきゃいけないと考えた。そこで『長州に任せよう』と。坂口さんのなかでは即決だったみたいですね。

坂口さんが社長、長州さんが現場監督という体制は、おそらくそれは猪木さんの意向でもあったんでしょう。長州さんを全日本から呼び戻したのも猪木さんですからね。こうして長州さんは88年末には、実質的に新日本の現場監督になっていたんですよ」

長州は88年7月22日、札幌中島体育センターで猪木に初ピンフォール勝ち。さらに翌89年2月22日の両国国技館でもラリアット6連発によって、再び猪木から完全なピンフォールを奪った。

ライバル藤波がついに勝てなかった猪木から、長州が二度にわたってピンフォール勝利したのは、猪木から長州への〝政権譲渡〟の儀式でもあったのだろう。そして長州は、その猪木と坂口から受け継いだポジションで最大限の力を発揮する。

「坂口さんは新日本の社長に就任後、現場には口を出さなかったんですね。元柔道日本チャンピオンの顔と人間性が対外的に効いたので、社長業に専念したんです。そして現場は長州が完全に掌握するということになって、この形がすごくうまくいったんですよ」

現場監督となった長州は、リング上でも自らがトップに君臨するのではなく、若い選手たちをどんどん売り出していった。これが複数スター制を生み、東京ドーム大会など、ビッグカードがいくつも必要なイベントの成功に結びついたのだ。

とくに91年から始まった「G1クライマックス」と、同じ年に復活させた「トップ・オブ・ザ・スーパージュニア」（現「ベスト・オブ・ザ・スーパージュニア」）では、それぞれ蝶野正洋、保永昇男というダークホースの優勝で巨大なインパクトを与え、この

2つのシリーズは、現在まで新日本の興行の大きな柱となっている。

そして95年10月9日の東京ドームでは、UWFインターナショナルとの全面対抗戦を実現させて圧勝。これによって、それまで目の上のたんこぶだった〝U〟を消すことに成功。

これによって長州は現場監督としての頂点を極めたが、これは転落の始まりでもあった。

「Uインターとの対抗戦は大成功しましたけど、それによって慢心じゃないけど、新日本に若干の緩みが出てきたのは確かなんですよ。それまでのドーム興行っていうのは、できるかぎりのカードを揃えるだけじゃなく、演出面でも特殊効果をいっぱい使っていたわけです。でも、Uインターの時はほとんど使わず、シンプルな入場ゲートをつくっただけだったじゃないですか。〝闘い〟に特化するということで、あの時はそれでよかったと思うんですけど、演出面でお金を使わなくても超満員の観客を集めてしまったことで、ドーム興行に対して、少し慢心が生まれてしまったという気がしなくもないんですよね。

また、Uインターを消してしまったあとは、正直カードに苦心しているところもありました。だから、あの95年10・9ドームが頂点だとすれば、90年代後半はカードに苦心し始めた時期で、そこから大仁田厚戦も飲んだと思います」

「坂口、長州vsアントニオ猪木」の図式

95年を境に新日本内部の状況も徐々に変わっていった。猪木が95年7月の参院選で落選。これにより猪木が、再び新日本に関わる機会が増えていき、現場監督である長州との軋轢（あつれき）を生み始めたのだ。

「95年に猪木さんが参議院議員ではなくなり、98年4月4日の東京ドームで引退試合を行ったあと、引退した猪木さんのためにUFOという団体を用意したわけですよね。それは、猪木さん個人の活動と新日本はあくまでも別だということだったと思うんですけど、それでも猪木さんは徐々に、新日本の現場に介入するようになってしまった。そこからは完全に、坂口、長州vsアントニオ猪木の図式になっていきましたよね」

新日本と猪木率いるUFOの対立の図式は、99年の1・4東京ドームで橋本真也vs小川直也の〝セメントマッチ〟を生むに至り、新日本マットを混乱に陥れていく。そして00年に入ると、盤石だった坂口-長州体制が崩れ始めるのだ。

「長州政権が崩れ始めたのは、やはり新日本の選手がPRIDEに出始めてからですよね。長州さんは『ウチの選手に絶対にアルティメットはやらせない』という強い考

えを持っていたのに、現場監督が『ダメ』と言ったものが、ダメでなくなっていったわけですから」

まず00年に藤田和之が新日本を退団し、猪木事務所預かりの身となりPRIDEに参戦。さらに同年8月には、ケンドー・カシンこと石澤常光もそれに続いた。

藤田の場合は、新日本を離脱してからのPRIDE参戦だったが、カシンは新日本所属のままでの出場。その意味あいは大きく違った。

「カシンをPRIDEに出場させるかどうかは、00年7月に新日本内で会議が行われて、『出場させない』ということでいったんは決まったんですよ。ところが会議の翌日、猪木さんの鶴の一声で覆ってしまったんです。その前月、坂口さんに代わって社長に就任していた藤波さんは、猪木さんには『ノー』と言えなかったんですよね。

僕は、長州さんが『カシンのPRIDE参戦決定』を知らされる現場にたまたま居合わせたんですよ。会議の翌日、長州さんは大仁田厚戦に向けてキャンプを張っていて、僕もそこに取材に行ってたんで。そうしたら長州さんのケータイに電話がかかってきて、『どうなってるんだ、それは！　なんだオヤジ、それはどういうことだ！』みたいな感じで声を荒らげてたんですね。

長州さんは、電話の内容が僕らに聞かれるのが嫌だったんでしょう、少し離れたところで話していたんだけど、声が大きいから聞こえてくるんですよ。それで〝オヤジ〟ってことは、相手は永島（勝司）さんだな、とピンと来て。長州さんは、『社長はどこにいるんだ！　社長室か？　すぐ呼んで電話に出せ！』みたいな感じで言ってるけど、藤波さんは会社にいなかったみたいで。しばらく永島さんと押し問答をしていて、『なぜこないだ決めたばかりのことがすぐに覆るんだ！』って、かなり怒ってたんです。

それでしばらくして、こっちに戻ってきて『金沢、なんか聞こえたか？』って言うから、『すみません、丸聞こえでした。カシンのことですよね？』って聞いたら、『そうだ。一度決めたことが覆った。こういうことは納得がいかない！　ありえないことだよ！』みたいな感じで怒っていて。

その翌日インタビューをしたんですけど、長州さんはその件についてもちゃんと答えてくれたんですよ。『俺は逃げてもいないし、アントニオ猪木とも闘うよ』っていうことをハッキリと言っていた。『〝闘う〟ということはもちろんリングで闘うことじゃなくて、政治面であろうとアントニオ猪木と闘う。逆にそのほうがプロレス界も話題があって面白いだろ』みたいな感じで言ってましたよね」

藤田のIWGP挑戦から長州現場監督は解任

しかし、現場の絶対的な権力者であった長州も、筆頭株主である猪木には抗えなかった。これも猪木の鶴の一声で、現場監督の座を解任されたのだ。

「対猪木という部分で、長州さんと永島さんがマッチメイクから外されたのは、01年春に藤田和之を再び新日本のリングに上げて、当時、佐々木健介が持っていたIWGPヘビー級王座に挑戦させるという流れからですよね。

あれは猪木さんが描いた絵なんですけど、いくらPRIDEで結果を出したといっても、そのまますぐ、新日本のトップであるIWGP王座にも挑戦させるような流れには、長州さんも藤波さんも大反対したんですよ。この時、対戦カードが二転三転したので、内部で相当揉めたんだと思いますよ」

01年4月9日、大阪ドーム。この大会のメインイベントは当初、IWGP王者の健介に、PRIDEで名を挙げた藤田が挑戦するタイトルマッチになるはずだった。しかし、健介は3月17日の愛知県体育館でスコット・ノートンに敗れ、まさかの王座転落。これにより、大阪ドームの健介vs藤田は、ノンタイトルに変更されることになったのだ。

このあたり、藤田をIWGP王者にしたい猪木と、それを阻止したい長州という双

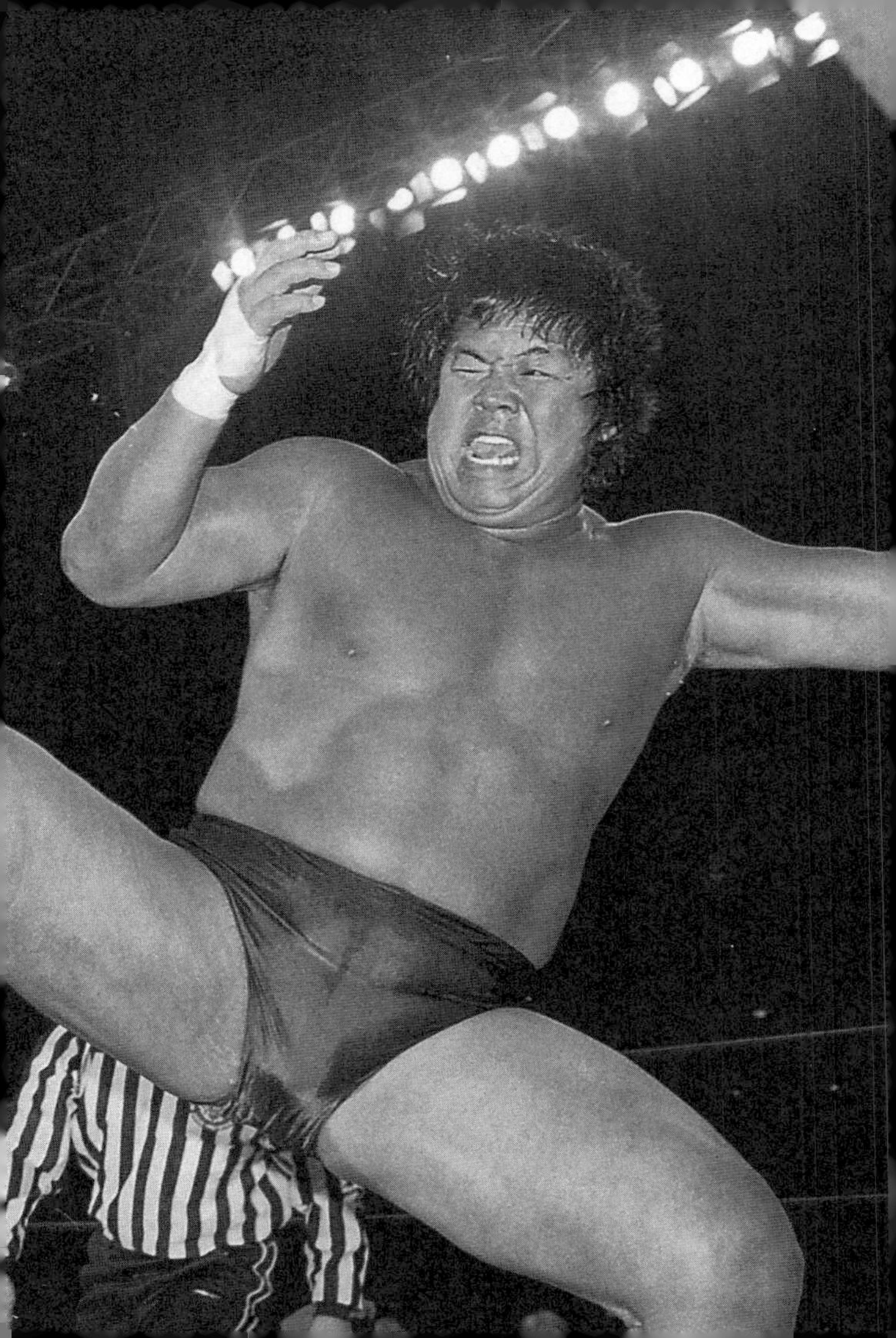

方の思惑が透けて見える。

「それで健介は愛知県体育館でノートンに敗れて王座転落したあと、その直後（3月20日）の代々木第2体育館のリング上で、藤田に対して『正直、すまんかった！』って、謝っちゃったんですよね（笑）。あの辺はもう、ぐちゃぐちゃでした。

名古屋での健介vsノートンはもともと決まっていたわけだから、通常だったら『ノートン相手に防衛した場合、大阪ドームの健介vs藤田はタイトル戦、敗れた場合はノンタイトル戦とする』と発表するか、あるいは『健介vsノートンの勝者に藤田が挑戦する』と、発表しているはずですよね。でも、そういう発表の仕方ができなかったということは、よっぽどこじれてたんでしょう。

結局、ここでも猪木さんの鶴の一声で、大阪ドームは健介vs藤田のノンタイトルではなく、ノートンvs藤田のタイトルマッチになって、勝った藤田がIWGPヘビー級チャンピオンになった。そして、そこのカードのゴタゴタから最終的に長州さん、永島さんの2人がマッチメイクを外されて、渡辺秀幸さんをはじめとした新日本プロレス社員たちによる『マッチメイク委員会』ができたわけです。

ただ、このマッチメイク委員会は決して猪木さん主導ではなかったんですよ。なぜかと言うと、この年の10月の東京ドームでは武藤敬司、馳浩vs永田裕志、秋山準をメインで組んだじゃないですか。ノアの協力を仰ぐなんて、猪木さんが最も嫌がるパターンですけど、強行したんですよね。その辺は、マッチメイク委員会の渡辺さんが骨のある男だと思いますよ。さらに翌02年の1・4ドームだって、秋山vs永田のGHCヘビー級選手権がメインで、小川直也vs健介がセミだったんですよ。

この時も猪木さんは『なんで小川vs健介がメインじゃないんだ！』って怒ったけど、『(小川vs健介は)どっちみちまともな試合になるわけないんだから、それをメインにできるわけがない』って、秋山vs永田で通したんですよ。

このあたりになると、完全に猪木さんとマッチメイク委員会の話になって、長州さんの出る幕ではなくなっているんですよね。だから、あの状況っていうのは、相当忸怩たる思いでいたと思いますよ」

武藤の離脱から歯槽膿漏になっていった新日本

そして02年1月、新日本に大激震が起こる。

武藤、小島聡、カシンが契約を更改せず退団。全日本への移籍を表明したのだ。しかも武藤は、マッチメイク委員会の渡辺をはじめとした、中心スタッフ5名を引き連れての移籍だったため、新日本への影響は計り知れないものがあった。

「渡辺さんは、01年10月のドームと02年の1・4ドームのマッチメイクをした時点で、武藤さんと一緒に新日本を出ることを決めていたみたいですね。武藤、馳vs永田、秋山と、永田vs秋山というカードで、猪木さんから完全に目をつけられてしまった、ということで」

この武藤一派の離脱は、間接的に長州にも大きな影響を及ぼした。

「武藤さんたちの全日本移籍は、マッチメイク委員会の渡辺さんや、経理の青木（憲治）さんら、新日本の中枢部を引き連れていったじゃないですか。そこに猪木さんがものすごく怒ったんですよね。

で、そもそも全日本との交流の話を進めていたのは永島さんじゃないですか。だから、要は全日本と武藤を結びつけたのは、永島さんだっていうことになって、責任を取らされる形で新日本に居場所がなくなったんですよね。そして永島さんといえば、長州さんの右腕的な存在だったじゃないですか。それもあって、長州さんも同じように居場所がなくなっていくんですよ。

長州さんは数年前、武藤とテレビ番組で共演した時、『敬司、お前が出て行ったせいで、新日本は歯槽膿漏になって歯がボロボロになったんだ』って言ってたんですけど、まさにぴったりでしたよ（笑）。あそこから新日本は、選手離脱や社員の退社が止まらなくなっていったんですよね」

02年2月に永島が新日本を退社。それを追うように、長州も同年5月末日付で新日本を退団した。

新日本退団の際、長州は道場にマスコミを集めコメントを出したが、「(猪木には)感謝の気持ちすらない」「あの人は人間的にどこか欠落している」など、猪木を痛烈に批判。両者の溝の大きさが露わになった。

その後、長州は永島とともに「リキナガシマ企画」なる会社を立ち上げ、これがWJプロレス旗揚げへと繋がっていく。

WJの誕生から、その時代錯誤のズンドコぶりを経ての崩壊劇は、様々なところで語られ検証されてきたので、ここでは割愛する。そんなWJが残した数少ない功績としては、長州の付き人となった石井智宏が、世に出るきっかけとなったことが挙げられるだろう。

この時、石井を長州に紹介したのは、ほかならぬ金沢だった。

「WJ旗揚げ前、02年10月に長州さんはサイパンでトレーニングキャンプを張ったんですよ。その際、永島さんから『長州がそろそろ動き出すから、サイパンでトレーニングを始める。なのでトレーニングパートナーを探してくれないか』って言われたんですよ。当初は、のちにWJの取締役になる、元レッスル夢ファクトリー代表の高田龍さんのラインで、KAMIKAZEがパートナーを務める予定だったらしいんですよ。彼は、谷津嘉章、三沢光晴、川田利明らを輩出した足利工業大学附属高校のレスリング部出身ですからね。

ところが、KAMIKAZEが断ったのか都合がつかなかったのか、できなくなったということで、僕のところに『長州のトレーニングパートナーを探してくれ』っていう話が来たんですよ。永島さんは『なんだったら、新日本の選手でもいいんだぞ』なんて言うんだけど、そんなことできるわけないじゃないですか(笑)。それで『これは難解だなあ』と思いながら、プロレス名鑑を見ていて。その時、『あっ! この男がいたか!』って目をつけたのが、石井智宏だったんですよ。

石井はもともとWARに所属していて、天龍(源一郎)さんと一緒に1年くらい新日本の巡業をまわったこともあったし、合同練習にも出ていたんで、最適だなと思ったんですよね。ただ当時、石井はみちのくプロレスのリングに上がっていて、みちのくってツアーがけっこう長いんですよね。だから合宿への参加は難しいかもしれないと思ったんですけど、みちのくの日程を調べてみたら、たまたまシリーズオフでがっつり空いてたんですよ。それで石井に連絡を取って、『実は長州さんがトレーニングパートナーを探してるんだけど。車の運転をしてくれて、一緒にジムで練習する相手が欲しいと。これはちゃんとした仕事だからお金も出るけど、どう?』って聞いたら、即決で『やらせていただきます!』と。それでポンポンと決まったんですよね。ところが石井はペーパードライバーで、それからサイパンに行くまで、友達の車を借りて必死に練習したらしいですけど(笑)」

長州の現場監督復帰でなくなった新日本内のゴタゴタ

WJは03年3月1日、横浜アリーナで旗揚げ。同年11月には、ほぼ全選手の契約を解除。そして翌04年3月に活動停止。わずか1年しかもたなかった。

その後、長州はハッスルやインディー団体を経て、新日本のリングにまさかの復帰を果たす。

04年10月9日、新日本の両国国技館大会の休憩時間、トレーニングウェア姿の長州が突如リングに上がり、マイクでこう叫んだ。

「テメーら、この状態がなにを意味しているかわかるか。俺はいま、新日本プロレスのど真ん中に立っているんだぞ!」

02年の退団以来、絶縁状態の新日本のリングに長州が上がる。このありえない事態に場内は騒然。そして大歓声が上がった。

「あの長州さんの登場は、テレビ朝日サイドはなにも聞いてなかったんですよ。ちょうど休憩時間だったじゃないですか。だから実況アナウンサーも一度放送席を離れていたんで、急いで戻ってきて、すぐにヘッドセットをつけて『長州が来た！』ってやってましたよ。

長州さんが来るらしいというのは、テレビ局だけじゃなくて、新日本の選手も永田や天山（広吉）ら、一部の選手しか知らなかったみたいですね。だから、長州と永田がリング上でやりあったあと、（獣神サンダー・）ライガーもリングに駆け込んできて『テメー、出たり入ったりして、なんなんだ！』って激怒してたじゃないですか。あれは完全にアドリブですよ。それぐらい極秘でことが進んでいたんです」

そしてその1年後、05年10月7日に長州の新日本現場監督への復帰が正式に発表される。この仰天人事を決めたのは、当時の新日本プロレス代表取締役社長で、猪木の娘婿でもあったサイモン・ケリー猪木だった。

「あの時代の新日本って、どん底でしたよね。外部から草間政一氏を連れてきて社長にしたものの、まったく成果が上げられず。その後、サイモンさんが社長になりましたけど、マッチメイカーだった上井（文彦）さんも辞めて、柴田勝頼も辞めて、どうにもならない状況だった。そこでサイモンさんが、『このバラバラな状況をまとめられるのは、長州さんしかいない』ということで、猪木さんを説得して、長州の現場監督復帰が実現したんですよ」

この長州の現場監督復帰には反発する選手も多く、翌06年1月の契約更改では、西村修、吉江豊、成瀬昌由ら多くの選手が新日本を退団したが、それ以降、新日本内部のゴタゴタは鳴りを潜めるようになった。

「長州さんは現場監督に復帰しても、それまでの流れを大きく変えるようなことはしなかったんですよ。次世代のエースとして、棚橋弘至と中邑真輔を押すっていう姿勢は変わらなかった。だから真輔あたりは長州さんに対していい印象しかないんじゃないですか。

そして長州さんの復帰とともに石井智宏が新日本に上がるようになって、その後、しっかりとレギュラーの座を摑んだんですよね。これは、長州さんについていたからというのではなく、彼自身が『俺はこのリングのなかで生き残っていかなきゃいけないんだ』っていう思いがあったからこそ通用したんだと思うんですよ。その石井がスターになったっていうのが、いま新日本に残っている長州力の財産のひとつでしょうね」

あの〝暗黒時代〟と呼ばれた新日本が、のちにV時回復していくその境目に現場監督に復帰した長州力が存在した。方向が定まらなかった新日本に、「棚橋、中邑をエースとして押していく」という確固たる道筋をつける手助けの役割を長州は果たしていたのである。

現在、長州はゲストなどで新日本のリングに上がることはなくとも、その練習場所は、いまでも野毛の新日本道場だ。それが暗黙のうちに認められているのは、現場監督に復帰後の長州と、新日本との関係が良好な証であろう。

長州力は最後の試合に向けて、今日もこの道場で汗を流しているのだ。

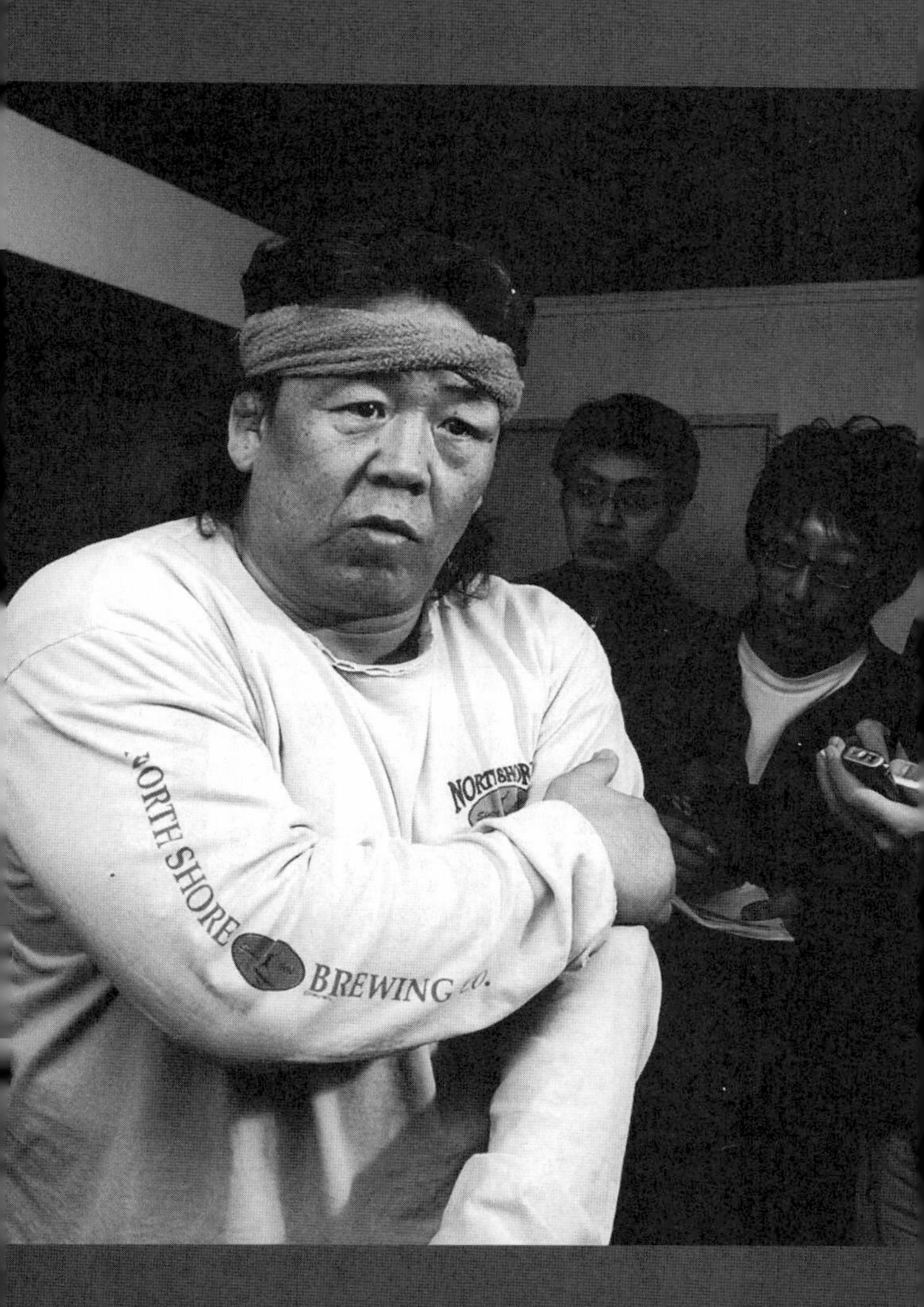
NORTH SHORE
BREWING CO.

詳細 長州力 完全年表

1951年

12月3日 山口県徳山市に生まれる。本名・吉田光雄。長男、姉、次男に次ぐ、4人兄弟の末っ子

1958年

4月 徳山小学校に入学。高学年時、「暁武道少年団」で柔道を始める。当時から広島カープのファンで、いまも変わっていない

1964年

4月 岐陽中学校に入学。柔道部に入部し、頭角を現す

1967年

4月 桜ケ丘高校に入学。柔道の強さを見込まれての、アマレス部への特待生としての入学。授業料免除だった

1969年

8月 アマレスのインター杯、73キロ級で準優勝
9月 国体のアマレス、フリースタイル75キロ超級で優勝

1970年

4月 専修大学に入学。アマレス部への特待生として授業料免除

1971年

3月 アマレス全国大学選抜のメンバーとして渡

9月　米。自身にとって、初めての海外旅行。オレゴン州レスリング選手権でフリースタイル90キロ級で優勝
全日本学生レスリング選手権のグレコローマン90キロ級で優勝

1972年

4月22日　韓国・漢城女子高校体育館で行われたミュンヘン五輪選考会で全試合フォール勝ちで優勝

8月　ミュンヘン五輪出場も、負けが続き、減点方式で失格となる

1973年

5月　東日本学生レスリングリーグ戦で主将を務め、専修大学が優勝。3年ぶりの栄冠で、長州（吉田）は大会最優秀選手にも選ばれた

8月　アマレス全日本選手権で、グレコローマン、及びフリースタイルの100キロ級で、それぞれ優勝

12月6日　新日本プロレス入りを発表。「やるからには（ジャンボ）鶴田選手以上になりたい。彼には負けたくないし、追い抜く自信もある」と挨拶。前夜の福井大会からこの発表のために緊急帰京した猪木は「体もあるし、（カール・）ゴッチや（ルー・）テーズの指導を受けさせるつもりです」と、期待の新星を前にうれし気に語った

12月21日　新日本道場で初練習。スクワット200回でいきなり立てなくなる。また、木戸修とのスパーリングでは足を踏まれ、さらに足関節をとられてギブアップ

1974年

8月8日　本名の吉田光雄で、プロデビュー。シューズ、タイツともに白で統一。グレコローマンでギリシャ選手権優勝のアマレス出身者、エル・グレコを相手に5分24秒、回転逆片エビ固めで勝利。これはデビュー4日前にカール・ゴッチに伝授されたもので、のちに「サソリ固め」と名付けられた。かぎりなくアマレスに近い展開だったが、猪木は、「ショーマンシップを念頭におかず、媚びるレスリングをしなかった。俺は100点をつける」と絶賛。長州自身は、「そんなに上

がらなかった。ただ、先輩の目を意識しないようにした」と、いま考えると、プロレス界特有の上下関係を牽制するコメントを出している ◇日大講堂

8月30日 後楽園ホール大会のリング上で、ファンに海外遠征に向かう挨拶。翌日、西ドイツ・ハノーバーに、初の海外武者修行に出発した ◇後楽園ホール

9月1日 西ドイツの老舗大会「ハノーバー・トーナメント」に出場。22日にはローラン・ボック、10月21日にはミル・マスカラスと一騎打ちも敗戦

1975年

2月 米国入り。ゴッチ道場での修行を経て、フロリダ、ジョージア、ノースカロライナを転戦。リングネームは、ミツ・ヨシダ。ヒロ・マツダとマツダ・ブラザーズを結成して暴れた

5月8日 カンザスで、ハーリー・レイスと対戦。惜敗

1976年

6月 カナダ地区で、国際プロレスの剛竜馬（八木宏）と、越境タッグを結成し大暴れ。同地のタッグベルトに挑戦も奪取ならず。なお、この頃のミツ・ヨシダは、素足に田吾作タイツでラフファイトを駆使するヒールだった

1977年

2月10日 2年半の修行から帰国。「渡米前は95キロでしたが、いまは115キロ。食べることだけが唯一の楽しみでした」とコメント。海外で学んだことは「カネを稼がないとプロではない。自分をどう売り込むか。お客の反応がいちばん怖かった」とした。空港から新日本の日本武道館大会に直行。純白のスーツ姿で凱旋帰国挨拶をすると、メインの猪木vsタイガー・ジェット・シンの「フェンス・デスマッチ」の試合後には、シンとやり合うシーンも ◇日本武道館

2月23日 公開練習。木村健吾相手に、ブリッジを活かした羽折り固めを初披露。以降の主要な

フィニッシュホールドとなった。また、囲み会見では、「恐いという人はいない。リングに上がれば、先輩後輩関係ない。ストロング小林さんはグラウンドでのスピードがないし、坂口（征二）さんには、捕まらなければ勝てる。坂口さん、いま、やりますか？」と発言。坂口が気色ばみ、山本小鉄が「吉田、いいかげんにしろ」と言うシーンも

3月4日　帰国第1戦の「第4回ワールドリーグ戦」公式戦、ロベルト・ソト戦を羽折り固めで勝利　◇群馬・高崎市体育館

3月15日　吉田の新リングネームを公募することを発表。採用者には30万円の賞金

3月22日　「第4回ワールドリーグ戦」公式戦で坂口と初シングル。逆エビ固めに敗退。同リーグ戦は、7勝2敗1分けで、坂口、マスクド・スーパースターに次ぐ3位の好成績。2敗もこの両者につけられたものだった　◇青森県営体育館

4月22日　3万通の応募のなかから、新リングネームが「長州力」に決定（改名は翌日の静岡大会より）。出身地、山口県ゆかりの〝長州〟に、力道山にちなむ〝力〟をつけたもの。

その後、専修大学OB会会長が、モスグリーン地に、背中に「鳳」と書かれた新ガウンを贈呈。ジャンボ鶴田のガウンが30万円と聞きつけ、倍の60万円をかけた逸品だった　◇大阪府立体育会館

7月28日　のちの師匠・マサ斎藤と初シングル。バックドロップを反転で自爆させフォール勝ち　◇福岡・九電記念体育館

9月28日　スタン・ハンセンと初シングルもフォール負け　◇市原臨海体育館

1978年

1月4日　「77年度プロレス大賞」で、努力賞を受賞

5月17日　「第1回MSGシリーズ決勝リーグ戦」公式戦で、猪木と初シングル。コブラツイストで敗れる。以降、「噛ませ犬発言」まで、5戦全敗　◇栃木県体育館

5月18日　「第1回MSGシリーズ決勝リーグ戦」公式戦で、この年の3月に華々しく凱旋帰国した藤波と初シングル。回転足折り固めで敗退。「動きが速くて見えなかった」（長州）。以降、「噛ませ犬発言」まで、6戦全敗。なお、同リーグ戦の最終成績は、1勝6敗1

分けの8位。前年の扱いから急降下した形となった　◇山形・酒田市体育館

12月16日　木戸修と組み、国際プロレスの、アニマル浜口、寺西勇と初対決　◇蔵前国技館

1979年

6月15日　ロサンゼルスで、マサ斎藤、ヒロ・マツダが保持する北米タッグ選手権に、坂口征二と組んで挑戦。1vs1から自らのバックドロップでマサ斎藤から3本目を獲り、新王者に。プロ5年での初タイトルに、「うれしくて胸が一杯」と、Vサインで撮影に応じた。同王座は、81年4月23日に、乱立するベルトを統一する〝IWGP構想〟のため、返上されたが、その間、無敗で保持。13度の連続防衛に成功した。しかし、その分、シングルプレーヤーとしての印象が薄くなってしまった　◇オリンピック・オーデトリアム

8月26日　「プロレス夢のオールスター戦」に出場。長州は、当時、国際プロレスのアニマル浜口とタッグを組み、グレート小鹿、大熊元司の〝極道コンビ〟（全日本プロレス）と対戦。反則勝ち。「若造（長州）、なかなかやるな、という感じ」（小鹿）。なお、この時の選手コールは、浜口のほうが格上であとだった　◇日本武道館

1980年

1月4日　「79年度プロレス大賞」で、敢闘賞を受賞

5月14日　「第3回MSGシリーズ決勝リーグ戦」公式戦で、ハルク・ホーガンと初シングル。体固めで敗れる　◇奈良県立橿原公苑体育館

11月20日　「第1回MSGタッグリーグ戦」に、星野勘太郎と組んで出場。大会成績は1勝6敗1反則勝ちで、8位に終わった　◇横浜文化体育館

1981年

8月2日　初来日のローラン・ボックの相手を務め、3分28秒、サイド・スープレックスで叩きつけられフォール負け。〝ボック幻想〟に一役買った　◇後楽園ホール

11月20日　「第1回MSGタッグリーグ戦」に、谷津嘉章と組んで出場。大会成績は2勝4敗3分けで、7位に終わった　◇志木市民体育館

1982年

1月1日　前年より新日本に参戦していた〝はぐれ国際軍団〟のアニマル浜口と初の一騎打ちも両者リングアウト。この試合で、長州はラリアットを初披露　◇後楽園ホール

1月4日　「81年度プロレス大賞」で、技能賞を受賞

4月23日　「ビッグ・ファイト・シリーズ」開幕戦の日にメキシコ遠征に向けて出発。初代タイガーマスクや〝はぐれ国際軍団〟を擁した新日本プロレス・ブーム時での海外行きは、実質、お払い箱的な側面を含んでいた

8月1日　メキシコで新設されたUWA世界タッグ王座の決定戦にグラン浜田と組んで出場。エル・カネック＆ベビー・フェイス組に勝利し初代王者に　◇エル・トレオ・デ・クアトロ・カミノス

8月6日　カネックからUWA世界ヘビー級王座を奪取。第7代王者に。猪木も4代目の王者になっており、「猪木さんと同じベルトを巻けた」と感無量の様子であった　◇アレナ・ネサワルコヨ

9月26日　カネックに敗れ、UWA世界ヘビー級王座転落。すでに帰国が決定しており、丸腰となったことで、より悲壮感は増す形となった　◇エル・トレオ・デ・クアトロ・カミノス

10月5日　メキシコより帰国

10月8日　「闘魂シリーズ」開幕戦のメイン、猪木＆藤波辰巳＆長州vsアブドーラ・ザ・ブッチャー＆バッドニュース・アレン＆SD（スペシャル・デリバリー）ジョーンズの試合中、藤波との不和を露わにし、試合後、大乱闘。造反が決定的となった。試合は藤波がジョーンズに回転エビ固めで勝利　◇後楽園ホール

10月9日　前日の〝噛ませ犬発言〟を受け、この日の埼玉大会から、揺れる心中を表すかのように欠場。結局、待望の藤波とのシングルとなる10月22日まで欠場は続き、その造反に不穏さとリアリティを増すことに

10月22日　藤波と、通算7度目の一騎打ち。20分34秒。無効試合だったが、熱のある試合プラス、意外にも「長州」コールが観客からの大勢を占め、2人の対決は一気に注目カードに。試合後、リング上でマイクを求められた藤

波に、「こんな時にインタビューなんかしてる場合か!」と一喝。熱さに拍車をかけた。長州は翌週のテレビ放映試合も欠場。明らかに特別扱いとなった ◇広島県立体育館

11月4日 藤波の持つWWFインターヘビー級王座に挑戦。この日がテレビでの(コール時の)指さしポーズ初披露。試合は長州が藤波をフェンス越しに投げ反則負け。観客からは「延長」コール ◇蔵前国技館

11月6日 極秘渡米。アメリカにいるマサ斎藤に、今後の協力を仰ぐためのもので、11月22日には、ニューヨーク・MSGの大会にも出場

1983年

1月6日 長州&マサ斎藤vs坂口征二&キラー・カーンで、試合中、カーンが坂口にダイビングニードロップをかまし、造反。長州サイドにまわることとなった。なお、長州、斎藤の、当時の呼び名は「狼軍団」。また、この試合の放送(1月7日)では、「噛ませ犬発言」後、初めてテレビで「パワーホール」が流れた ◇後楽園ホール

3月4日 この日、生放送されたマサ斎藤&長州vs坂口&藤波で、初めて古舘伊知郎実況アナの口から、「噛ませ犬」という言葉が。具体的には「『俺は藤波の噛ませ犬ではない』と名言を残してから数カ月が過ぎましたが」という実況で、必ずしも前年10月8日に言ったとは明示してない。やはり専門誌(『ビッグレスラー』等)のインタビューが初出か。なお、この日から長州軍は、「狼軍団」から「革命軍」に呼称が変更された ◇相模原市総合体育館

4月3日 藤波の持つWWFインターヘビー級王座に挑戦し、ラリアットからの体固めで、これを奪取。マサ斎藤と抱き合い、控室では、「俺の一生にも、一度くらい幸せな日があってもいいだろう」という名言を残した。また、同試合は、同年のプロレス大賞ベストバウトにも選ばれた ◇蔵前国技館

4月21日 WWFインターヘビー級王者として、藤波のリマッチをリングアウト勝ちで退けた。また、この日、はぐれ国際軍団と不和状態にあったアニマル浜口が、リング上で長州と握手 ◇蔵前国技館

5月16日 第1回のIWGPシリーズの開催中だった

が、三重県・津大会を浜口とともに無断欠場

6月1日　浜口とともに記者会見を行い、新日本からの脱退を正式表明　◇帝国ホテル

7月1日　この日の「サマー・ファイト・シリーズ」開幕戦より、フリーとして参戦（長州＆浜口vs藤波＆木村健吾）。当初は出場をためらったが、IWGP決勝で猪木がホーガンに失神KO負けし、その後遺症で欠場となったため、新日本サイドの懇願を受けて渋々新日本に〝復帰〟。この日の生中継から〝維新軍団〟の呼称が長州一派に　◇後楽園ホール

7月7日　WWFインターヘビー級王者として藤波の挑戦を受け、反則勝ちで辛くも防衛　◇大阪府立体育会館

8月4日　WWFインターヘビー級王者として藤波の挑戦を受け、リングアウト負けで王座転落。以降も〝名勝負数え唄〟は続き、〝噛ませ犬発言〟から長州の新日本脱退までの通算戦績は、12戦して4勝4敗2分け1無効試合1試合不成立だった　◇蔵前国技館

10月5日　マサ斎藤、浜口、寺西勇、谷津嘉章、キラー・カーン、タイガー戸口と自身を含む7人での〝第3勢力〟設立構想を発表。あくまで構想であり、谷津を維新軍に引き入れたことの発表が眼目だった　◇京王プラザホテル

11月3日　正規軍vs維新軍による4vs4綱引きマッチで、前田日明とのシングルが決定。「どんな展開になっても負ける気はしない」と試合前に語っていた長州は、サソリ固めでレフェリーストップ勝ち。ほか、浜口が坂口に反則勝ち、カーンは藤波と引き分け、谷津は猪木に負けて、維新軍が2勝1敗1分けと勝ち越し。なお、前田とは翌年のフィリピン遠征でもシングルで対戦し、5分21秒、体固めで勝利（84年2月12日）。通算戦績は2戦2勝である　◇蔵前国技館

11月18日　この日開幕の「第4回MSGタッグリーグ戦」に浜口と組んで出場。最終戦績は3勝2敗1分け1反則勝ち1不戦勝で4位に　◇後楽園ホール

1984年

1月4日　「83年度プロレス大賞」で、MVP、ベスト

バウト（vs藤波・4月3日）の二冠に輝く

2月3日　藤波の持つWWFインターヘビー級王座に挑戦するはずが、試合前に藤原喜明の急襲を受け大流血。藤波戦は試合不成立に。この日の第4試合、浜口&谷津vs藤原&木戸で、藤原は額を割られていた　◇札幌中島体育センター

3月21日　プロレス初使用となる大阪城ホール大会で、長州が〝テロリスト〟藤原と一騎打ち。ラリアットでKO勝ち　◇大阪城ホール

4月19日　正規軍vs維新軍の5vs5勝ち抜き戦が行われ、それぞれ副将だった藤原と浜口が両者リングアウトの引き分けに終わり、残された大将の猪木と長州が純粋な一騎打ち。長州は猪木の卍固めにレフェリーストップ負け　◇蔵前国技館

5月18日　「第2回IWGP」リーグ公式戦で猪木と対戦し、逆さ押さえ込みで敗れる。同リーグ戦の最終戦績は7勝3敗1分けで、3位の成績を残した　◇広島県立体育館

6月14日　「第2回IWGP」決勝戦の猪木vsホーガンに乱入し、猪木の最終的なリングアウト勝ちをアシスト。場内は大暴動沙汰に　◇蔵前国技館

6月26日　「第2回IWGP」決勝戦での暴動騒ぎにより、緊急会議。「リングサイドへの部外者の立ち入り禁止」「維新軍の解散」が決定されたが、長州は翌日、「そもそも俺たちは組織ではない」と突っぱねた

8月2日　蔵前国技館における最後のプロレス興行のメインで猪木と一騎打ち。猪木自身が「真のストロングスタイルを見せるにふさわしい相手」とした言葉に違わぬ名勝負となり、長州は最後のグラウンド・コブラに3カウント負け。同年のプロレス大賞ベストバウトを受賞した　◇蔵前国技館

8月6日～15日　パキスタン遠征に参加。最終戦の15日のクエッタ大会には、〝大統領命令〟により、藤波とタッグを結成。独立や移籍など、不穏な長州の動きを警戒した猪木が、本隊に引き入れるため、懐柔策を取ったとみられる

9月21日　前日にシリーズ最終戦を闘い終えた長州一派が、新日本に退職届けを提出し、午後3時50分より会見。新日本プロレス興行（のちのジャパンプロレス）への移籍を発表した。出席者は、長州、浜口、谷津、寺西、

小林邦昭。長州は、「我々5人は一蓮托生。今度揉めごとが起こった時にはマット界から足を洗う」とした。坂口は「5匹のタヌキにだまされた」とし、猪木は「大掃除ができた」と発言。この件をめぐる名言は多かった　◇キャピトル東急ホテル

11月1日　全日本プロレスの後楽園ホール大会を視察。リング上からマイクで天龍源一郎に「上がって来い」と挑発され、気色ばむ。契約問題で上がれぬことを見越した天龍に一本取られ、ライバル闘争を早くも予感させた　◇後楽園ホール

12月4日　ジャパンプロレスとして自主興行（旗揚げ戦）。メインでは長州が、ストロングマシン軍団にそっくりの出で立ちの「怪覆面X」を、わずか1分35秒でサソリ固め葬。なお、Xの正体は渕正信　◇高松市民文化センター

12月8日　全日本の愛知大会全試合終了後、長州を含む、ジャパン勢全員がリングに乱入し、一触即発ムードに。なお、この大会は日本テレビの特番での生中継が入っていたが、まさに放送が終了する午後8時51分直後に乱入し、本年中のテレビ朝日との契約の残存も含む、テレビ放映問題の根深さも感じさせた　◇愛知県体育館

12月12日　全日本マット第1戦を、横浜文化体育館で。カードは長州&浜口&谷津vs石川敬士&小鹿&大熊。長州が大熊をラリアットからフォール　◇横浜文化体育館

1985年

1月2日　全日本マットに本格参戦。天龍と初対決（長州&谷津vs天龍&石川。長州が石川をフォール）。「全日本プロレスにも、骨のあるヤツがいるな。今年は天龍の年になるかもしれないぞ」と高評価した。なお、入場曲は「パワーホール」でなく、「Comin' Home」だった（日本テレビが長州、谷津組の入場テーマとして編集）　◇後楽園ホール

1月4日　「84年度プロレス大賞」で、ベストバウト賞（vs猪木・8月2日）に輝く

2月21日　ジャパン自主興行で、長州vs天龍、馬場vsカーン、鶴田vs谷津の3大マッチが実現。長州は天龍にエプロンでのバックドロップ葬でリングアウト勝ち。ほかは全日本側が

それぞれリングアウト勝ち　◇大阪城ホール

3月9日　プロレス初使用となる両国国技館大会で、ブルーザー・ブロディと初対決（長州&谷津vsブロディ&キラー・ブルックス。長州がブルックスをピン）。長州が完封された試合との評価が多いのは、当時の『週刊プロレス』がそう書いたためと思われ、事実、試合後の長州は、「こっちは全部受けたから気が楽だ。1回はシングルでやりたいね」と余裕の表情。同シリーズ内ではブロディとすでに2度対戦済みだった（2月24日、茨城県・阿見町中央公民館大会・ブロディ&ブルックス&クラウス・ワラスvs長州&カーン&谷津。3月13日、大垣市スポーツセンター・長州&谷津&カーンvsブロディ&ブルックス&ラッシャー木村）　◇両国国技館

3月14日　ブームを起こしていたザ・ロード・ウォリアーズと初対決。カーンとのタッグで、AWA世界タッグ王座に挑戦も、両軍リングアウト　◇愛知県体育館

4月23日　リック・フレアーの保持するNWA世界ヘビー級王座に初挑戦。両者リングアウトに終わる。同王座には、これが唯一の挑戦となった　◇相模原市総合体育館

6月14日　新日本プロレス興行時代から社長を務めていた大塚直樹氏に代わり、ジャパンの社長に就任。19日には、世田谷区池尻にジャパンプロレスの新本社、道場が完成した

6月21日　天龍の持つUNヘビー級王座に挑戦も、ゴング前にベルトを投げ捨てる暴挙。「俺たちの闘いにベルトは関係ない」の意味だった。試合は長州の反則負けで、全日本でのシングル初黒星。この時、天龍が放ったパワーボムが急角度に決まり、長州は首を負傷。振り返るたびに、「全治一生もの」とボヤいている

8月5日　ジャパンで自主興行。メインは長州vs鶴田の予定だったが、鶴田の負傷で、当日、ファン投票により、谷津と一騎打ち。完勝後、スーパーストロングマシンが現れ、長州と握手。長州はマイクで、「もう、馬場、猪木の時代じゃない！　俺たちの時代だ！」と絶叫。これを聞いた馬場は「この男、なにを言ってるんだ。まだまだ目を光らせね

ば」と態度を硬化させたのは有名　◇大阪城ホール

11月4日　長州vs鶴田が実現。両者リングアウトなしのルールだったが、60分時間切れ引き分け。長州にとって唯一の60分フルタイムマッチとなった。同年のプロレス大賞ベストバウトを受賞　◇大阪城ホール

11月15日　谷津とのコンビで、この日開幕の「世界最強タッグ決定リーグ戦」に初出場　◇後楽園ホール

12月3日　「世界最強タッグ決定リーグ戦」公式戦・長州&谷津vs馬場&ドリー・ファンク・ジュニアで馬場と初対決。ノーTVながら注目の一戦は30分時間切れ引き分け。「ジャイアント馬場という、名前を感じたよ。それと、いままで闘ったなかでいちばん足が強い」と評価。馬場との対戦は翌年の同リーグ公式戦（長州&谷津vs馬場&2代目タイガーマスク。長州がタイガーにフォール勝ち）の2回だけだった。リーグ戦は1勝2敗4分けながら2位に終わった　◇愛知県体育館

12月4日　ニック・ボックウィンクルと夢のシングル戦も、足をしつように攻められ、最後は両者リングアウト。完封された感もあった　◇福岡国際センター

12月5日　ドリーと夢のシングル戦も、スタン・ハンセンとテッド・デビアスの乱入で無効試合に　◇広島県立体育館

1986年

1月1日　自身唯一の異種格闘技戦として、パワーリフティングのトム・マギーと対戦（3分10R）。第3R、体固めで完勝。マギーはその後、プロレスラーとなった　◇後楽園ホール

1月4日　「85年度プロレス大賞」で、ベストバウト賞（vs鶴田・11月4日）に輝く

1月24日　毎週金曜日午後8時放送の1時間ドラマ『セーラー服通り』（TBS）で初ドラマ出演。この日の第3話と翌週の第4話に登場（体育教師役）。『ワールドプロレスリング』の真裏だったことも話題に

2月5日　鶴田、天龍の持つインタータッグ王座に、谷津とのコンビで、1月28日に続く2度目の挑戦。谷津がジャーマンで天龍をピンし

奪取。以降、翌年2月に敗れるまで、8度の防衛に成功 ◇札幌中島体育センター

3月13日 全日本とジャパンの6vs6全面対抗戦が実現し、長州は2代目タイガーマスクと対戦。対戦相手の選出方式は、会場で伏せられた全日本選手のサイン色紙をジャパン勢が1人ずつ引く形。タイガーを引いて裏返した時の、長州の憮然とした表情が印象的だった。試合はタイガーがサソリ固めを決められた状態から前転して元の体勢に戻すなど、妙技を見せたが、アッパーカット気味のラリアットで、長州がフォール勝ち。三沢光晴の長州嫌いはかなり有名だが、ぎこちない試合にはならなかった。試合後の長州の「自分のスタイルでドンドン動かなきゃ」というエール（?）が癪にさわったのかもしれない ◇日本武道館

4月5日 AWA世界&PWFヘビー級王者のスタン・ハンセンに挑戦。反則勝ちでPWFのみ奪取し、第9代王者に。以降、全日本離脱で王座返上扱いとされるまで、6度の防衛に成功 ◇横浜文化体育館

7月31日 5月24日に長州に造反した〝恩知らず〟カーンと一騎打ち。トップロープからのダブルニードロップを受けきった長州がラリアットで勝利。壮絶な名勝負となった ◇両国国技館

8月 「明日の誓い」でレコード・デビュー。同時にアルバム『GET OVER』も発売

9月3日 天龍と3度目の一騎打ち。エプロンでのバックドロップも再現されたが、最後は自らの暴走で反則負け。「勝ち負けにこだわる試合じゃない」とコメント ◇大阪城ホール

11月22日 谷津とのコンビで、この日開幕の「世界最強タッグ決定リーグ戦」に出場。最終的に4勝1敗3分けで3位に ◇後楽園ホール

1987年

1月4日 「86年度プロレス大賞」で、敢闘賞を受賞

1月17日 カート・ヘニングを下し、PWFヘビー級王座を防衛後、テレビ生放送のインタビューで、「鶴田、天龍、それから、藤波を倒さなければならない」とコメント。当初はフリーのプロダクションとして、ジャパンが完全独立するものと思われたが、実質的には、1月8日に新日本の関係者が長州と接

触。裏で新日本復帰計画が進んでいた◇徳山市体育館

2月16日　河本英子さんとの婚約を発表

2月20日　この日開幕の全日本「エキサイト・シリーズ」の開幕戦を、「右手首腱鞘炎、風邪と発熱下痢」で欠場。長州は、群馬・伊香保温泉で療養◇後楽園ホール

3月2日　新日本の草加大会で「長州シート」を用意。藤波が用意させたものだった◇埼玉・草加市スポーツ健康都市記念体育館

3月3日　全日本の松根光雄社長と会談も、長州は、右手首にできたガングリオンの悪化で、今月いっぱいは休養が必要と説明（発表は4日）。保持していたPWF王座は返上に

3月23日　ジャパンの本社で会見を開き、同社の完全独立を表明

3月25日　2日後に行われる猪木vsマサ斎藤の調印式に斎藤の代理として出席。猪木と握手◇大阪ロイヤルホテル

3月28日　全日本「87チャンピオン・カーニバル」への出場をボイコット。当日ポスターの顔の部分に、全日本関係者の怒りか、大きく「欠場」と書かれた。この日、長州はジャパンに辞表を提出

3月30日　ジャパンの竹田勝司会長が、長州の追放を発表。法的措置も辞さないとした

4月2日　ジャパンの自主興行が行われたが、出場したのは、谷津、仲野信市、カーン、寺西勇、栗栖正伸、永源遙。完全に分裂となった◇大阪府立体育会館

4月6日　長州の個人事務所「リキ・プロダクション」で、ニュー維新軍発進を宣言。メンバーは、長州、マサ斎藤、スーパーストロングマシン、小林邦昭、ヒロ斎藤、笹崎伸司、馳浩、佐々木健介

4月27日　新日本の両国大会メインの猪木vsマサ斎藤の客席に現れ、斎藤が大流血の末、KO負けすると、契約上、乗り越えられない場外フェンス越しにマイク。「猪木聞け、猪木、コラ！　俺たちがテメーたちを討ってやる、こうなったら！」と宣戦布告した◇両国国技館

5月5日　河本英子さんとの披露宴。この模様は当時の『ワールドプロレスリング』の枠で生中継され、10・1パーセントの視聴率◇カトリック高輪教会

5月13日　藤波vsマサ斎藤が「ノーフェンスマッチ」となり、長州が乱入してラリアットを炸裂。2年8カ月ぶりに新日本のマットを踏んだ。翌日も同じ札幌大会に乱入し、藤波にサソリ固めを見舞い、藤波は左膝骨折の重傷を負う◇札幌中島体育センター

5月30日　この日のマサ斎藤&長州vs木村健吾&ジョージ高野で新日本復帰のはずが、入場時に札幌の悪夢よろしく、またも藤原に襲われ、仕切り直し（代役はストロングマシン）◇鹿児島県立体育館

6月1日　この日の長州&マシンvs坂口&ジョージ高野で新日本に試合復帰。高野をラリアット葬◇愛知県体育館

6月9日　藤原と一騎打ちし、KO勝ち　◇大阪府立体育会館

6月12日　「第5回IWGP」決勝戦で猪木がマサ斎藤を下すと同時に乱入。「藤波、前田（日明）、いまこそ世代交代の時だ！」「木村（健吾）、お前は噛みつかないのか？　いましかないぞ、俺たちがやるのは」と、新旧世代闘争を仕掛ける。まだ日本テレビとの契約が残っていたが、この模様は試合ではないため、テレビ朝日『ワールドプロレスリング』の電波で流された。とはいえ、一種の見切り発車であり、映像が出た瞬間、『週刊ゴング』の編集部ではどよめきが起こった◇両国国技館

10月5日　『ワールドプロレスリング』（試合映像）復帰第1弾として、相手をファン投票した結果、前田と僅差で藤波がトップだったが、ほとんど差がなかったため、この日、リング上のコイントスでどちらが相手かを決めることに。結局、藤波となり、3年3カ月ぶり19度目の対戦は、2度の両者フェンスアウトのあと、再延長戦で無効試合。だが、この生放送の前段では、前日に行われた猪木vsマサ斎藤の巌流島決戦を録画放映。この殺伐感と比較するとどうしても色あせたように見えてしまう、長州vs藤波の3年3カ月ぶりの邂逅であった　◇後楽園ホール

10月19日　猪木&山田恵一vs長州&藤波の試合は、長州が山田をラリアットで秒殺。だが、その後も1vs2で試合は延長され、藤波がジャーマンを放ったところ、長州がその足をはらい、猪木への3カウントを許さず。マイ

クを持つと、「藤波！　猪木とテメーの首は俺が最初に獲るぞ。トップは俺が先に走ってやる！」と宣言。呉越同舟したはずの藤波との仲間割れで、猪木との世代闘争も立ち消えた　◇富士市吉原体育館

11月9日　この日、開幕した「87ジャパンカップ争奪タッグリーグ戦」に、マサ斎藤とのコンビで出場。藤波、木村健吾との公式戦も、木村の首固めで長州が新日本復帰以降、初のフォール負け　◇後楽園ホール

11月19日　長州&マサ斎藤&ヒロ斎藤vs前田日明&木戸修&髙田延彦で、前田が、木戸へのサソリ固めに入った長州の顔面を蹴撃。長州は右前頭洞底骨折で以降、欠場に。前田も無期限出場停止処分となり、翌年3月に新日本から解雇された。なお、開幕戦でしか消化してなかったタッグの公式戦は、長州の代わりに、責任を感じた藤原が代打で出場。マサ斎藤&藤原組は、リーグ2位の好成績を残した　◇後楽園ホール

12月27日　この日の「イヤーエンドイン国技館」大会で、猪木との一騎打ちが予定されていた長州。だが、当日のセミファイナル前、TPG（たけしプロレス軍団）の挑発を受けた猪木がカードを強引に変更。猪木はTPGの刺客、ビッグバン・ベイダーとシングルを闘うことに。長州は、もともとベイダーが組んでいたマサ斎藤のパートナーとして、藤波、木村健吾と対戦。しかし、リングにゴミが投げ入れられるなど、客の怒りは収まらず。木村をフォールした長州が、「こうなったのはお前のせいだぞ！　猪木、出てこい！　出て来てくれ！」と涙目で叫ぶと、猪木も応じ、改めて一騎打ち。ところがベイダー戦を控える猪木はほとんど組み合わず、負傷していた長州の目を狙い、結局長州の反則負け。猪木は次のベイダー戦で完敗し、観客はフラストレーションから大暴動を起こし、結果、新日本は1年間、国技館の使用を自粛することになった　◇両国国技館

1988年

2月4日　猪木のIWGPヘビー級王座に挑戦も、卍固めでレフェリーストップ負け　◇大阪府立体育会館

6月10日　藤波&木村健悟組を破り、第8代IWGPタッグ王者に（パートナーはマサ斎藤）。以降、翌年3月16日にジョージ高野、スーパーストロングマシンの〝烈風隊〟に敗れるまで4度の防衛に成功　◇広島県立体育館

7月21日　猪木&藤原&ジョージ高野vs長州&マサ斎藤&マシンで、長州がラリアットから猪木に初フォール勝ち。「これまでいろいろあったけど、これで吹っ切れた」とのコメントを残した　◇小樽市総合体育館

7月22日　「IWGP挑戦者決定リーグ戦」で猪木と11度目のシングル。延髄ラリアットから初のフォール勝ち　◇札幌中島体育センター

10月19日　「闘魂復活七番勝負第4戦」で猪木と一騎打ち。猪木がロープ際で暴走し、反則勝ち　◇静岡産業館

12月7日　「88ジャパンカップイリミネーションリーグ戦」に、猪木、星野勘太郎と出場し、この日、藤波&橋本真也&蝶野正洋組を下して優勝　◇大阪府立体育会館

1989年

1月4日　「88年度プロレス大賞」で、敢闘賞を受賞

2月22日　猪木と13度目の一騎打ち。「猪木！　俺に殺させる気か！」と叫びながら、ラリアット6連発で勝利。結局、これが最後のシングルとなり、通算戦績は13戦3勝10敗　◇両国国技館

4月24日　業界初の東京ドーム大会で行われた「IWGP王座決定トーナメント」1回戦で。橋本との初シングルも首固めに敗れる　◇東京ドーム

7月12日　サルマン・ハシミコフを破り、第6代IWGPヘビー級王者に　◇大阪府立体育会館

7月13日　飯塚孝之（現・高史）と組み、IWGPタッグ王座に挑戦。ジョージ高野&スーパーストロングマシン組を下し、第10代王者に。9月20日に橋本&マサ斎藤組に敗れるまで、1度防衛　◇両国国技館

8月10日　ビッグバン・ベイダーに敗れ、IWGPヘビー級王座転落　◇両国国技館

12月7日　「89ワールドカップ争奪リーグ戦」決勝で、橋本を下し優勝。決勝トーナメントで、木戸、蝶野を下しての戴冠だった　◇両国国技館

1990年

1月4日　「89年度プロレス大賞」で、敢闘賞を受賞
2月10日　新日本2回目の東京ドーム大会で、全日本との対抗戦が実現。長州はジョージ高野と組み、天龍&2代目タイガーマスク組と対戦。ジョージがタイガーにリングアウト負け　◇東京ドーム
4月13日　WWF、全日本、新日本の共催興行「日米レスリングサミット」に出場。蝶野と組み、橋本&マサ斎藤の持つIWGPタッグ王座に挑戦も、蝶野がマサに敗れる　◇東京ドーム
4月27日　北尾光司と初タッグを結成し、ベイダー&バンバン・ビガロ組と対戦。「北尾、ホールドしろ！」「北尾、アピールしろ！」とサポートしたが、北尾がベイダーにフォール負け　◇NKホール
5月24日　この日よりの短期シリーズ「クラッシュ・ザ・スーパー・ヘビー」で、闘魂三銃士とシングル3連戦。まずはこの日、武藤敬司をラリアットで沈めた　◇NKホール
5月28日　蝶野とシングル。リングアウト勝ち　◇津市体育館。
5月26日　シングルで橋本真也のニールキックに完敗。長州超えで、三銃士のなかでは橋本が頭ひとつ抜け出る形となった　◇大阪府立体育会館
6月14日　新日本に特別参戦してきたスタン・ハンセンと初タッグ結成　◇大分県立荷揚町体育館
7月23日　青森県十和田の大会前、自身が現場の責任者として、北尾の解雇を発表。奔放な欠場が続いたためとした
8月19日　IWGPヘビー級王座をベイダーから奪取。第8代王者に　◇両国国技館
11月1日　新日本では10年ぶりの使用となる日本武道館のメインで、IWGPヘビー級王座を橋本相手に初防衛　◇日本武道館
12月3日　イラクで行われた「平和の祭典」に選手として出場。カードは長州&マサ斎藤vs馳&健介。人質となっていた日本人たちに、「頑張ってください。必ず帰れますから」と声をかける場面も。長州自身、行ってよかったと思える興行で、イラクの敵国だったアメリカのレスラー、バッドニュース・アレ

ンの参加には心を熱くしたという ◇サダム・アリーナ

12月26日 藤波に敗れ、IWGPヘビー級王座から転落 ◇浜松アリーナ

1991年

3月21日 前年の猪木の30周年記念興行に集まった往年のライバル(不在者も含む)18人で認定された王座「グレーテスト18クラブ」の初代王者に任命され、この日、指定試合。相手のタイガー・ジェット・シンにKO勝ちを収めた ◇東京ドーム

6月12日 愛弟子・佐々木健介と初シングル。サソリ固めで快勝 ◇日本武道館

8月7日 この日開幕の(第1回)「G1 CLIMAX」に参加も、初戦から蝶野、ビガロ、橋本と、まさかの3連敗。引退が取りざたされる ◇愛知県体育館

9月10日 首の不調もあり、入院していた長州をSWS(当時)の天龍が見舞い、復活に向けて檄 ◇東京逓信病院

10月5日 この日開幕の「SGタッグリーグ戦」で56日ぶりに復帰。リーグ戦はマサ斎藤と組み、17日、福岡での優勝戦に進出したが、藤波&ベイダー組に敗れ、準優勝 ◇会津体育館

11月5日 橋本を破り、グレーテスト18クラブ王座を初防衛。この日のメインで藤波が蝶野相手にIWGPヘビー級王座を防衛しており、翌年1月4日の東京ドーム大会では、統一戦が行われることに ◇日本武道館

1992年

1月4日 メインでIWGP王者・藤波に勝利し、グレーテスト18クラブとの二冠王に。8月にムタに敗れるまで、スコット・ノートン、武藤、蝶野、マシンと4度の防衛に成功 ◇東京ドーム

8月16日 グレート・ムタに敗れ、IWGP&グレーテスト18クラブの二冠王から転落。嚙み合わず、試合後は消火器を放たれるなど終始翻弄され、「あんなヤツ、いるのか……」と茫然とした様子だった ◇福岡国際センター

10月21日 この日行われた「SGタッグリーグⅡ」優勝戦で、馳&健介組を破り、橋本とのコンビで優勝(長州が健介をフォール)

11月23日　WARの天龍が新日本に初登場し、反選手会同盟に勝利（○天龍&石川孝志&北原光騎vs越中詩郎&木村健悟●&青柳政司）。マイクで天龍に呼び出された長州は、猪木の仲介のもと、翌年1月4日、東京ドーム大会での一騎打ちを受諾した　◇両国国技館

1993年

1月4日　メインで天龍と一騎打ちも、パワーボムで敗退。この年のプロレス大賞ベストバウトに輝き、猪木も「素晴らしい試合」と絶賛した名勝負だった　◇東京ドーム

2月14日　WARに初参戦。セミで阿修羅・原とラリアット対決に挑み、9発のラリアットを受けきり、12発目のラリアットでフォール勝ち。「これで負けたとしても原は本望だろう。俺も彼の立場だったら、同じことを言ったと思う」（長州）　◇東京体育館

4月6日　天龍とのリマッチに、ラリアットで勝利。純粋なフォールのやりとりとしては、1勝1敗となった　◇両国国技館

5月3日　初の福岡ドーム大会で、天龍と初タッグを結成。猪木&藤波組と対戦し、藤波のグラウンド・コブラに長州がフォール負け。入場曲は「パワーホール」と「サンダーストーム」の合体曲が使用された　◇福岡ドーム

5月23日　「長州力選手生活20周年記念パーティー」が六本木で。ファン、関係者など500人が集まり、猪木、天龍、アニマル浜口も駆けつけた　◇六本木・TSK・CCCホール

7月5日　6人タッグの試合中に右足アキレス腱完全断裂の重傷を負い、2日後に手術。なお、試合は、藤波&長州&木戸vsノートン&ブラッド・アームストロング&ポール・ダイヤモンドで、長州はロープをまたごうとしてそのまま昏倒。代役に武藤が入り、試合は続行された　◇青森市民体育館

1994年

1月4日　183日ぶりの復帰戦で、藤原と一騎打ち。ラリアットで沈めたが、「（アキレス腱固めの際）手首を返されたらヤバかった。藤原の復帰祝いの1勝かな」と、武士の情けを感じていた　◇東京ドーム

3月16日　UWFインターナショナルが、1億円をか

けたトーナメントに橋本をはじめ、各団体のエース5人に招待状を送りつけたことに激怒。根回しが、まったくなかったため、「なにがルールだ、このクソバカ野郎！　あいつら死ね！　あいつらが死んだら俺が墓にクソぶっかけてやる！」と、怒りは収まらなかった　◇東京体育館

8月3日　この日開幕の（第4回）「G1 CLIMAX」に第1回以来のエントリー。2回目は自主的に不参加、3回目はケガで出場できなかった。3勝2敗でAブロック2位に終わる。8月5日の公式戦では、初めて藤原に敗れた　◇両国国技館

1995年

4月2日　東京ドームで行われた『週刊プロレス』主催のオールスター戦「夢の架け橋」と同じ日に行われたWARの後楽園ホール大会に出場（天龍＆長州＆アニマル浜口vs越中詩郎＆後藤達俊＆小原道由）。かねてから週プロの報道姿勢に疑義を呈していた長州らしく、参加にあたり、「なぜ俺が後楽園に行くかと言ったら、いろいろな意味があるぞ。これは俺の意思だ」とコメント。後藤を下して勝利した天龍も、「俺たちはプロレス界の噛ませ犬にはならない」と、盟友の過去の名言にマイクで呼応した　◇後楽園ホール

5月3日　猪木＆北尾vs長州＆天龍というビッグカードが実現。長州は北尾にラリアット、バックドロップと見舞ったが、解説のマサ斎藤が指摘するほど、この試合にかぎっては精彩を欠き、最後は猪木のスリーパーから3カウントされ敗れた　◇福岡ドーム

6月17日　「平成維震軍」の興行で、髪切りマッチ（長州＆谷津vs越中＆後藤）。越中にフォール勝ちで敗れ、自ら後ろ髪をハサミでバッサリ切った　◇後楽園ホール

8月24日　午後2時より、新日本事務所で会見も、同時刻にUインターも会見をしており、東スポの記者の仲介で、長州と髙田延彦が直接電話会談。10月9日、東京ドームにおける全面対抗戦が緊急決定した。「東京ドームで、Uは消す」など、この時期の長州には名言が多い

9月23日　Uインターとの前哨戦で、長州＆永田裕志

vs安生洋二&中野龍雄が実現。この日2試合目の永田が中野の腕ひしぎ逆十字固めでやられたが、長州自身はUインター勢の動きを完封。試合後、「オリンピックを目指そうかな（笑）。俺、キレさせたら大したもんだよ。俺、キレさせたらリングから下ろしてないよ、マジで」とコメント　◇横浜アリーナ

10月9日　新日本vsUインターの全面対抗戦で、長州は安生と激突も、サソリ固めで一蹴。試合後は「キレちゃいないよ。安生もキラしたかったんじゃないか？　勇気ねぇよな。ウン。まぁキラしたヤツは一応いねぇだろ。ウン。でもキラさないかぎり本質的には、キラさないかぎりは……勝てないよな。たぶん。たぶん俺の勝負はそっからだから」とコメント。また、安生は安生で、「新日本、やっぱすごいわ。僕も謙虚な男に生まれ変わりますよ。謙虚イズ　ベスト」と語り、報道陣は大受け。一躍個性派レスラーとして注目されることになった　◇東京ドーム

10月11日　Uインターの興行に初参戦（長州&永田vs安生&垣原賢人）。垣原が永田の裸絞めに敗退　◇大阪府立体育会館

11月25日　Uインターの両国大会で中野龍雄と対戦。フロントヘッドロックで完勝　◇両国国技館

1996年

1月4日　垣原と一騎打ち。フロントヘッドロックで勝利したが、垣原の掌底をモロに食らい、「たしかにいいのをもらったから、キレたことはキレた」と認めた　◇東京ドーム

4月19日　Uインターに3度目の登場（長州&健介vs髙田&金原弘光）。健介が金原を仕留めたが、髙田の膝蹴りで、長州の歯が5本飛ぶシーンも　◇大阪府立体育会館

6月30日　16団体44選手が集った先人供養の大会「メモリアル力道山」のメインに登場（長州&北原光騎vs天龍&藤波。天龍が北原にフォール勝ち）。だが、前半出場したインディー勢のあまりのレベルの低さに、「俺から言わせりゃ、あんなもん、プロレスじゃないよ！」と試合後、激怒した　◇横浜アリーナ

8月6日　8月2日開幕の「G1　CLIMAX」に

出場。この日まで公式戦を全勝し、決勝では蝶野を下し、G1リーグ戦では、初の全勝優勝。「自分に100点をつける!」とした ◇両国国技館

10月13日 大日本プロレス・グレート小鹿社長が後楽園ホールの控室まで乗り込み、長州に直談判。怒号が飛び交ったが、翌年1月4日、東京ドームでの両団体の対抗戦が決定 ◇後楽園ホール

1997年

1月4日 メインで橋本の持つIWGPヘビー級王座に挑戦もDDT、ジャンピングDDT、垂直落下DDTの3連発を食らい惜敗。流れていた引退説は否定した ◇東京ドーム

4月12日 健介と組み、藤波、木村健悟が保持するIWGPタッグ王座に挑戦。長州が木村からフォールを奪い、第30代王者に ◇東京ドーム

5月3日 小島聡&中西学組に敗れ、IWGPタッグ王座転落。長州が小島の飛龍裸絞めで敗北 ◇大阪ドーム

6月19日 新日本事務所にて、来年1月4日での引退を発表、カウントダウンマッチの日程も明かされた。「『パワーホール』が聴けなくなる? CD買ってください。こちらの儲けになるので」と、口も滑らかだった

8月10日 引退カウントダウンの一環として、藤波とシングル。飛龍裸絞めに敗れた。この時点までの2人の通算対戦成績は26戦して、長州の6勝14敗2分け3無効試合1試合不成立となった ◇ナゴヤドーム

8月31日 引退カウントダウンマッチとして、長州&天龍&藤波vsムタ&天山広吉&ヒロ斎藤。ムタは黒地に白字で「BYE-BYE」と書かれたペイントで臨んだ。試合は、長州がラリアットでヒロをピン。セレモニーには、猪木をはじめ、アニマル浜口親子や、前田日明も駆けつけ、「私にとっては、人生で一番、やったことが報われたという気持ちで、感無量です」とした ◇横浜アリーナ

11月2日 引退カウントダウンマッチとして、健介と一騎打ち ◇福岡ドーム

1998年

1月4日 藤田和之、吉江豊、高岩竜一、飯塚高史、

獣神サンダー・ライガーを相手の5人がけで引退（飯塚にのみアキレス腱固めで黒星）。リング上セレモニーでは、夫人と愛娘3人がリングに上がる場面もあった　◇東京ドーム

1月7日　引退記念パーティーが京王プラザホテルで。関係者約500人が出席し、選手会からは70万円の壺が贈られた　◇京王プラザホテル

11月18日　新日本の大会に大仁田厚が乱入。マイクで長州をリングに呼びつけると「果たし状」を大仁田が投げつける。それを読んだ長州は激高し、大仁田を馬乗りで殴り大乱闘へ　◇京都府立体育館

1999年

1月4日　橋本と対戦した小川直也が暴走ファイトで橋本を蹂躙。「新日本プロレスファンのみな様、目を覚まして下さい！」とマイクすると、長州がリング上に。小川に、「これがおまえのやりたいことか⁉」とすごみ、1発パンチを入れた。最後は橋本をなだめてリングを下り、大会後は「俺が出て行かなくてもよかったかな」と苦笑い　◇東京ドーム

11月12日　執拗に長州戦を要求して来た大仁田に、この日の「大仁田興行」で、長州サイドから汗付きのシャツが贈られる。大仁田は「対戦決定じゃ！」と大喜びしたが、実はTシャツはMサイズで、この対戦を暗礁に乗り上げさせたくない、永島勝司氏がアドリブで用意したものだった　◇後楽園ホール

2000年

5月22日　長州が大仁田戦での、1試合限定の復帰を発表。「（復帰を）言って、スッとした」と本音も

6月30日　新日本海老名大会の試合前、大仁田が来訪。長州に「嘆願書」を渡そうとするも、何度も（フェンスを）「またぐなよ」と威圧され、嘆願書は越中詩郎に。大仁田は駐車場のパイロンを叩きつけて悔しがった。同書は、「貴殿が邪道をこの世界から抹殺させる唯一の手段」と、電流爆破マッチを要求するもの。長州はこれを、決戦4日前の7月26日に受諾　◇海老名運動公園総合体育館

7月30日　大仁田とノーロープ有刺鉄線電流爆破マッ

チ。屋内会場史上最大規模となった爆破マッチは、長州がレフェリーストップで勝利　◇横浜アリーナ

2001年

1月4日　前年11月に解雇処分を受けた橋本との一騎打ち。藤波が試合を止め、「両者レフェリーストップ」。不完全燃焼の試合に、退場する長州には「プリングルス」（サワークリーム&オニオン味）の空き缶も飛んだ　◇東京ドーム

3月20日　真壁伸也（現・刀義）をパートナーに、小島、天山が持つIWGPタッグ王座に挑戦も、真壁が小島に敗退。この時期は真壁を引っ張り上げようとしており、8月12日の両国大会では、真壁の壮行試合の相手も務め、ラリアット葬にしている（長州&鈴木健三vs吉江&真壁）　◇国立代々木第二体育館

4月9日　長州&越中vs川田利明&渕正信（全日本プロレス）が実現するも、前の試合のライガーvs村上和成が小川直也を含む大乱戦に終わり、入場した長州も小川に突っかかる。全日本勢にとっては、なんとも気の毒な試合となった（長州が渕からピン）　◇大阪ドーム

5月5日　小川と初対決（長州&中西vs小川&村上）。試合は中西が村上を下したが、ゴング前の小川のパンチに長州は昏倒。その後も後手に回り、試合後、小川は「長州。張り合ってこいよ……」と不満げだった　◇福岡ドーム

10月8日　長州&西村修vs天山&小島。いま見ると考えられないタッグだが、長州がラリアットで天山から勝利。「互いにスタイルが違うし、組むのはシンドイ」と言う長州に対し、「陰と陽でいい」と西村はコメント　◇東京ドーム

11月2日　木戸修引退試合でタッグを組む。藤波&木村健悟を相手に10分時間切れ引き分け　◇横浜文化体育館

2002年

5月31日　新日本を退団。猪木を徹底批判し、その後は藤波にも、「（社長なのに）会社のことは彼にいちばん最後に伝わるんだ」と痛烈批判

11月12日　新団体「ファイティング　オブ　ワールド・ジャパン」（WJ）設立記者会見。長州の北海道のタニマチ、福田政二氏が社長に。なお、この時、すでに中嶋勝彦のスカウトを匂わせていた

2003年

3月1日　WJ旗揚げ戦で、天龍との一騎打ちを白星で飾る。観衆は1万3200人と発表されたが、よくて6割の入り。試合を終えた天龍は記者と、「WJはど真ん中を走ってましたか?」「それは俺が答えることじゃないでしょう」と、珍妙なやりとりも。なお、同試合は、TBS『深夜の星』枠で録画中継された　◇横浜アリーナ

3月18日　旗揚げシリーズで6連戦が予定されていた長州vs天龍だが、この日の4戦目以降中止に　◇群馬太田市民体育館

5月31日　大森隆男に一騎打ちで敗退（10分50秒、グラウンドコブラ）　◇広島サンプラザホール

6月29日　長州&越中vs天龍&大仁田で、「有刺鉄線電流爆破マッチ」（天龍が越中をフォール）　◇北海道立総合体育センター（北海きたえーる）

7月20日　「WJ最強者決定トーナメント」1回戦で健介のノーザンライトボムに敗退　◇両国国技館

7月28日　総合格闘家のジャイアント落合が、WJ道場での練習中に意識を失い、8月8日、急性硬膜下血腫により死去

8月21日　「WMGタッグ王座決定トーナメント」で、長州&天龍組が、大森&鈴木健想組を破って初代王者に　◇大阪府立体育会館

9月6日　金網を使った総合格闘技大会「X-1」開催も、低レベルな試合や、金網の破損などがあり、大会プロデューサーの長州は、大会途中で帰宅　◇横浜文化体育館

11月18日　ゼロワン道場で会見中の橋本のもとに長州が現れ、伝説の〝コラコラ問答〟

12月14日　ゼロワンの両国大会で、ゼロワン勢十数人と、WJ勢4人（長州、石井智宏、矢口壹琅、宇和野貴史）が順にシングル戦。最後は長州が橋本のヒザ十字固めにギブアップ　◇両国国技館

2004年

2月29日　ゼロワン両国大会で橋本と一騎打ちもミドルキックからピンフォール負け。すでに肩の負傷に悩んでいた橋本も精彩なく、橋本期のゼロワンにとって、最後の両国大会となった ◇両国国技館

5月8日　「ハッスル3」でハッスル初参戦。ギミックは付与されず、長州力として、アダモンスターを2分35秒、片エビ固めで下した。その後も、翌年の「ハッスル7」まで連続出場。小川や川田とタッグも結成している（以降も断続出場） ◇横浜アリーナ

6月21日　経営不振により、この日の大会がWJの最終興行に。メインは長州&石井智宏&宇和野貴史&矢口壹琅vs金村キンタロー&BADBOY非道&GENTARO&佐々木貴であった（矢口がGENTAROをフォール） ◇熊本県熊本興南会館

10月9日　新日本の両国大会に乱入 ◇両国国技館

11月3日　新日本、2度目の復帰第1戦は、蝶野と組み、永田&天山組と激突。蝶野が天山を下した。試合後はノーコメント。なお、この日は蝶野の20周年記念興行であり、橋本も花束を渡しに訪れ、最後の新日本来場となっている ◇両国国技館

11月13日　蝶野と組み、イリミネーションマッチで永田&西村組と闘うが、永田の1人残りで負け。会場通路では、猪木に「おい、長州、元気か？」と声をかけられるシーンも ◇大阪ドーム

2005年

1月4日　長州vs蝶野vs天山の巴戦が行われ、天山と長州に連勝した蝶野が勝利 ◇東京ドーム

2月20日　因縁の西村と一騎打ちもロープ際のサソリ固めを離さず反則負け ◇両国国技館

8月4日　上井文彦氏の肝煎りによるトーナメント興行「WRESTLE-1」に出場 ◇両国国技館

8月15日　リキプロのメインで柴田勝頼と一騎打ちし、ラリアットで勝利 ◇後楽園ホール

10月7日　サイモン猪木社長に請われ、新日本の現場監督に復帰

2006年

2月19日　曙と組み、ブロック・レスナー&中邑真輔組と対戦。レスナーのバーディクトから長州がフォール負け　◇両国国技館

5月21日　新日本の「レッスルランド」と並ぶ新ブランド「LOCK UP」がこの日、スタート。長州はマッチメイク等を務めた。初回のメインは、石井智宏&矢野通vs非道&金村キンタロー　◇新木場1stリング

2007年

8月12日　「G1 CLIMAX」最終日に、蝶野の呼びかけで「レジェンド軍」結成。ほかのメンバーは、マシン、ライガーなど　◇両国国技館

2008年

3月22日　実母・吉田文子さん死去（享年・死因非公表）

2009年

3月1日　リアルジャパンプロレスで、初代タイガーマスクと初の手合わせ（初代タイガーマスク&4代目タイガーマスクvs長州&高岩竜一）。初代が高岩を仕留めるも、大盛り上がりで、以降、レジェンド対決の需要が増えていく　◇後楽園ホール

3月14日　22年ぶりに全日本に出場。長州&高岩vs西村&征矢学（長州が征矢をピン）◇両国国技館

9月8日　ハッスルにおける、俳優・竹内力の〝双子の弟〟のRIKIが、都内で「日本リーゼン党」の結党を宣言。党歌「LOVEマシーン」のPVにリーゼントヘアの長州力と高山善廣が出演。強烈なインパクトを残すも、ハッスルの消滅によりリング登場は観られず

11月21日　この日開幕の全日本「世界最強タッグ決定リーグ戦」に23年ぶりに出場。征矢学と組み、5勝3敗で3位の成績を残した　◇台湾大学体育館

2010年

5月28日　映画初出演作『星砂の島のちいさな天使〜マーメイドスマイル〜』の完成披露記者会見に登場

2011年

1月10日　「レジェンド・ザ・プロレスリング」旗揚げ戦で藤波と一騎打ち。13年5カ月ぶりのシングルは、エビ固めで藤波が勝利。なお、この年だけで、同団体であと3回シングルを行い、藤波の3勝1敗だった

2012年

1月8日　「レジェンド・ザ・プロレスリング」で橋本大地と一騎打ち。ラリアットで圧勝。「(父の)橋本真也は真也、大地は大地だから。いまの大地に勝ち負けは関係ない。彼も俺とやれてプラスになったでしょう。これからスタートです」と温かなコメント　◇後楽園ホール

5月9日　都内でビジネスリーダー養成講座「長州力革命塾」の9月開講を発表。「〝リーダーシップ〟と言われても何回も失敗してるし」と自虐ネタも飛び出した

2013年

1月11日　この日から放送の、キリンビール「キリンのどごし〈生〉」のCMに出演。「のどごし夢のドリーム」キャンペーンの一環として、「プロレスラーになりたい」普通の会社員・寺島力さん(37)とCM内で対戦し、夢を叶えた

2014年

1月13日　「レジェンド・ザ・プロレスリング」で藤波と、その2世、LEONAとタッグ対決(パートナーは坂口征夫(ゆきお))。ラリアットでLEONAを下した　◇後楽園ホール

6月8日　小橋建太プロデュース興行「Fortune Dream 1」で、初遭遇の小橋とトークバトル。見事に噛み合わず、2人とも大福はつぶあん派だということがわかったのみであった　◇後楽園ホール

2015年

3月17日　映画『エクスペンダブルズ3　ワールドミッション』のDVD、ブルーレイ発売記念イベントが都内で行われ、藤波、武藤とともにPR原稿を読み上げたが、シルベスタ－・スタローンを「シルベスタローン」と

省略。藤波は普段どおりのやさしい口調で朗読してしまい、武藤も噛みまくった。藤波が映画タイトルにかこつけ、「我々の『ミッション』はダメだね」とオチをつけた

3月19日　「安生洋二引退興行」に現れ、試合後、花束を渡した　◇後楽園ホール

7月18日　プロ野球オールスターゲームの第2戦の開会宣言を務める。「少年のようにワクワクします。今日1日、素晴らしい選手のプレーに感動し、野球ファンのみなさんと一生懸命応援したいと思います。マツダオールスターゲーム2015、開会を宣言します」とし、大役を果たした。山口県出身の長州は、広島カープファンとして知られる　◇広島・マツダスタジアム

8月6日　7月24日に発売されたノンフィクション『真説・長州力1951-2015』（田崎健太著、集英社インターナショナル）のベストセラー祈願決起集会に出席。「本の町、神保町のど真ん中から熱い思いを届けたい」とコメントしたが、「自分を語ったり、しゃべったりするのはつらいです。面倒くさくなっちゃってね。『お前たちに、俺のなにがわかる!?』っていう感じで」と本音も漏らした　◇東京・神保町・三省堂書店本店

11月15日　天龍源一郎引退興行に出場。愛弟子の石井智宏と組み、斎藤彰俊、河上隆一と対戦（石井が河上をピン）。「昭和のリングの中の大きな光がまたひとつ、消えていく。お疲れ様でした」と天龍にコメントを残した　◇両国国技館

2016年

1月25日　芸能人やロックとのコラボイベント「GUM ROCK FES.in 日本武道館」のメインで、藤波と一騎打ち。日本武道館での初対決は長州が5分49秒、藤波をラリアット葬。通算戦績を長州の32戦9勝17敗2分け3無効試合1試合不成立とした　◇日本武道館

3月4日　NHKが公式サイトで、「受信料長州力」というコーナーを設けたことがニュースに。長州の写真を用い、「NHKの受信契約はお済みですか？　なに？　まだだって？　お前の新生活、いいスタート、キレてないで

すよ!? はやく〝受信料長州力〟で、アレしなきゃダメだ! コラ」と添え書きが。ところが、「受信料を強制徴収するのか」という怒りの世論が高まり、コーナーはすぐに削除

3月18日 さいたま市が「長州力」を名乗る人物から同市岩槻区役所宛てにランドセル4個が届いたと明らかに。「タイガーマスク」の名をかたっての寄付活動の亜流と見られ、事実、添えられた手紙には、「タイガーマスクにだけいいカッコさせない」と書かれていた

4月13日 コメンテーターを務めるBSフジ生情報番組『DO YOU?サタデー』（4月30日放送開始）の制作発表会見に出席。滑舌の悪さを指摘され、「リングの上で、あまりに長く叫びすぎた。これを機会に勉強して、少し言葉を省略して伝えていきたい。でも伝わらないんだろうな」と苦笑いしていた

6月15日 自身初の冠番組となるネット番組『長州力のアレトーーーーク!』の初回生放送を行う。第1回ゲストは天龍源一郎とタレントの峯岸みなみ。「そういえば坊主頭になっていたけどなんで?」「AKB総選挙って、じゃんけん大会だっけ?」など、長州の忖度ないトークが飛び出し、そのたびに峯岸が軌道修正した。『日刊スポーツ』（16年6月16日付）には「ゲストの峯岸が司会のように進行」と報じられた ◇東京・原宿Abemaスタジオ

11月29日 12月7日発売の『長州力 DVD-BOX 革命の系譜 新日本プロレス&全日本プロレス激闘名勝負集』（バップ）の会見に、天龍と出席。萩生田光一官房副長官が野党を「田舎のプロレス」と評した騒動について、「許せない。何様だと思ってるんだ。とぼけたヤツだ。キレそうになる」と本気で怒っていた

2017年

3月30日 都内で行われた映画『ゴースト・イン・ザ・シェル』のイベントに、空手の心得のあるアイドル・武田梨奈とともに登場。武田のハイキックを受け、「キレてますよ! すごくキレてた。これを言わせたかったんでしょう?」と、主催者の意図を汲み、キックの威力を絶賛した

10月10日　「ルチャリブレ・ワールドカップ2017」の試合前における、高山善廣応援プロジェクト「TAKAYAMANIA」募金の応援に登場。募金者を対象に、握手会を行った　◇後楽園ホール

11月15日　この日からソフトバンク新CMが全国で放映開始

11月22日　この日放送のフジテレビ系『良かれと思って！』で、15年に離婚した妻の英子さんと本年、長女が2人の仲を取り持ち再婚したことを告白。英子さんは「娘はできている。親がダメなだけ」と打ち明け、長州は「よりを戻してくれたことは感謝している」と笑顔を見せた

2018年

1月14日　プロデュース大会「POWER HALL」で、飯伏幸太、伊橋剛太と組み、藤波辰爾、TAKAみちのく、関本大介と対戦。動きが鈍くなった伊橋に試合後、「お前はダメだ。プロレスやらないほうがいい。遊びじゃないんだから」と強烈なダメ出しをし、波紋を呼んだ　◇後楽園ホール

4月7日　テレビ山口『週末ちぐまや家族』に出演。地方局初のレギュラー番組

7月7日　九州プロレスに初参戦。筑前りょう太、野崎広大と組み、阿蘇山、佐々木日田丸、藤田ミノルと対戦（筑前が阿蘇山をフォール）。ひとつ前の試合にはアンドレザ・ジャイアントパンダも登場　◇福岡国際センター

7月10日　プロデュース大会「POWER HALL」で、ヨシタツ、関本大介と組み、秋山準、橋本大地、黒潮〝イケメン〟二郎と対戦。秋山のランニングニーで長州がフォールされ、試合後、「もう十分ですよ。健康な状態を半分残して、あと何試合かしたら引退でもと。来年あと2、3試合が終われば靴（リングシューズ）を脱ごうと思っている」とコメント。引退をほのめかした　◇後楽園ホール

7月22日　都内で行われたマサ斎藤の告別式に列席。弔辞はザ・グレート・カブキ、武藤が述べたが、本人も取材陣に、「とにかくすごい人。客を圧倒するのは猪木さん、マサさんぐらいしか思いつかない。あそこまではなれないですよ」とコメントした

7月22日　NHK大河ドラマに初出演。『西郷どん』で、長州藩の遊撃隊の総督・来島又兵衛役を演じ、ラリアットも披露する姿が放映された。本人は、「おかしいだろ、どう考えても」とコメント

9月16日　この日放送のフジテレビ系『ボクらの時代』に、天龍、棚橋弘至と出演。ふんだんに字幕が併用され、長州が天龍に対して「食べながらしゃべらないほうがいいよ。余計にもっと（言葉が）わからないから」と言うシーンも。酒豪として知られる天龍の誕生日に、アイスペールを贈ったという秘話も明かした

9月17日　「高知けいりん」のイベント「長州力&美甘子の維新トーク」に出演。「こんにちは、長州小力です」とボケをかますなど上機嫌で登場。歴ドル（歴史好きアイドル）の美甘子さんは、長州と同じ専修大学出身ということもあり、和やかにトークは進んだ

12月28日　プロデュース大会「POWER HALL」にて、引退ロードがスタート。この日は、藤波、マサ北宮と組んで、清宮海斗、NOSAWA論外、葛西純組と対戦し、論外をリキラリアットでフォール。引退ロードの最終戦が、19年6月26日の「POWER HALL」後楽園大会となることが発表され、最後に対戦したい相手を「藤波辰爾でしょう」と即答。「彼がいなかったら、もっと早くやめていた。あとから入って、先に降りるのはなにか逃げ得みたいだけど」と、しみじみとコメントした　◇後楽園ホール

2019年

1月30日　越中詩郎のデビュー40周年記念大会「侍祭り〜平成最後の平成維震軍」に駆けつけ、越中に花束を手渡した　◇後楽園ホール

2月3日　前田日明、長州小力らと節分の豆まきに参加　◇不動ヶ岡不動尊總願寺

2月15日　「プロレスリング・マスターズ」で、藤波&長州&ライガーvs藤原&長井満也&冨宅飛駈戦を闘う。藤原のセコンドに前田がつき、試合終了後の前田の挨拶時に、長州が再びリングに登場。ロープに走ってリキラリアットを放とうとしたが、寸止めに。最後は藤波も含め、3人で握手をした　◇後楽園ホール

2月17日　この日放送のABCテレビ『相席食堂』で、作家・志茂田景樹と対談。異次元対決となったが、互いの経歴や恋愛話などでそれなりに盛り上がった

2月27日　1月4日から発売となった引退試合（6月26日）のチケット完売を受け、この前日より立見席を急遽発売するも、即完売。当日券は出ず、まさにプラチナペーパーとなった

3月21日　DDTに初参戦。樋口和貞、上野勇希と組み、KUDO、坂口征夫、伊橋剛太組と対戦。伊橋とは、18年1月10日の「パワーホール」でのタッグ結成時に「プロレスをやめたほうがいい」とコメントしただけに注目を集めたが、エルボーの連打に、強烈な頭突きで返礼し、ラリアットもぶち込んだ。試合後、伊橋について問われると、「本人に聞けばいいでしょ」とそっけないコメント。加えて、「これがいままでやってきたプロレスと一緒っていうのは納得できないな」と、公然とDDTを批判した　◇後楽園ホール

3月24日　K-DOJOに初参戦。越中、真霜拳號と組み、タンク永井、吉田綾斗、梶トマトと対戦（越中が梶をピンフォール）。試合後、「（K-DOJOは）ヘンな意味じゃなくて印象にない。前にマッチメイクしていた時とか、選手たちにリングに上がってもらっているし、最後だから1回ぐらい上がって」と、正直な気持ちを吐露。選手たちについては、「みんな前振りが長いよな。俺はすぐ出るほうだから。でもみんなが頑張ってやっている。待っているのがしんどいね」と苦笑した　◇千葉・Blue Field

4月21日　「ドラディション」大阪大会に出撃。越中、坂口征夫と組んで、藤波、ヒロ斎藤、関本大介と闘い、ヒロをリキラリアットでピンフォール。藤波から向けられたマイクで「藤波選手とここまで駆け抜けてきましたがもう精一杯です。後ろ髪ひかれる思いですが、先に引退します」と発言。同日夜に更新した自らのブログでも、「藤波辰爾の存在はこれから先も、私の心の中にずーっと住み続けるでしょう」「どうかケガだけには気をつけて、藤波辰爾自身のゴールに向かって是非頑張ってください」とつづった　◇大阪南港ATCホール

4月22日　6月26日に行われる引退試合のカードが、「長州、越中、石井智宏vs藤波、武藤、真壁刀義」に決定

5月2日　全国の映画館でライブ・ビューイングされる長州の引退試合の上映館がこの日までにすべて決定。北海道から沖縄まで全27館に達した。料金は、全席指定で2800円

5月19日　「宮古島プロレス祭2019～長州力、ファイナルロード～」に出場。観光で宮古島をひんぱんに訪れていた長州に、「FREEDOMS」の佐々木貴代表が呼びかけ、参戦を快諾。2月27日に宮古島市役所を訪れた長州は「宮古島で試合ができることは大変光栄なこと。一生懸命頑張って大会を盛り上げたい」とPRしていた　◇JTAドーム宮古島

6月26日　長州&越中&石井智宏vs藤波&武藤&真壁刀義戦で引退　◇後楽園ホール

12月25日　自身のツイッターを開設。最初の投稿は「いまどうしてる?」。「ところで源ちゃんいますか?」と個人に呼びかけたり、ハッシュタグを「ハッシュドタグ」と言い間違え、しかも漢字の「井」を使うなど、破天荒な内容がユーザーに大ウケ。翌年5月にはこれらをまとめた書籍『いまどうしてる?』(ワニブックス)が発売された

2020年

2月20日　猪木の77歳の誕生日を祝う「喜寿を祝う会」に登壇。「会長!　オレは会長の嚙ませ犬じゃねえぞ」と掛け合い、猪木から張り手を食らうなど盛り上げた　◇東京・ホテルオークラ

2月28日　武藤敬司主催の「プロレスリング・マスターズ」に登場。猪木のデビュー60周年を祝い、自ら張り手を食らうと、出席していた前田を羽交い絞めにし、前田にも張り手を食らわせた　◇後楽園ホール

3月19日　自らのYouTubeチャンネルの立ち上げを発表。チャンネル名は「リキチャンネル 井長州力」

2021年

1月4日　新日本の東京ドーム大会に、孫の由真くんを抱きながら入場し、開会宣言。「それじゃあ、みんな、飛ぶぞ!」と、かつてバラエ

ティ番組『相席食堂』（2018年5月20日放送分）で披露した名言で場内を笑わせた　◇東京ドーム

1月21日　この日より放送開始のプロレスを題材にしたTBS系連続ドラマ『俺の家の話』（全10回）に本人役で出演

9月15日　賛同メンバーに名を連ねる「日本プロレス殿堂会」の主催大会が行われ、長州の殿堂入りが発表。セレモニーで「最後はやり残したことはなかった。光栄でうれしいです」と礼を述べた　◇後楽園ホール

2022年

8月1日　自らをモチーフにし、声優も務めたショートアニメ『がんばれ！　長州くん』がこの日より日本テレビ系の朝の帯番組『スッキリ』内で放送開始

10月1日　この日入った猪木の訃報に対し、「やっと解放されましたね。リングを降りても貴方は闘魂アントニオ猪木でした。まさに闘魂そのものでした」とツイッターに投稿

2023年

8月10日　次女の結婚をX（旧ツイッター）で報告。しかし間違えて長女の結婚時の写真を貼ってしまうミスも

2024年

3月17日　スタン・ハンセン、藤波辰爾とトークショーで共演。ラリアットは「いまで言う、パクリ」と発言し、観客を笑わせた　◇埼玉・川越プリンスホテル

参考文献

●書籍

『反骨イズム―長州力の光と影』（辻義就／アミューズブックス／1997年）
『プロレス裏実況』（辻よしなり／アスキー／2001年）
『流血の魔術 最強の演技 すべてのプロレスはショーである』（ミスター高橋／講談社／2001年）
『U.W.F.最強の真実』（宮戸優光／エンターブレイン／2003年）
『ターザン山本！の活字プロレス血風録!!』（ターザン山本！／三才ブックス／2007年）
『力説 長州力という男』（長州力・金沢克彦／2007年／エンターブレイン）
『新日本プロレス黄金時代 伝説の40番 完全解明』（ミスター高橋／宝島社／2008年）
『プロレス「暗黒」の10年』（井上譲二／宝島社／2008年）
『プロレス界を揺るがした10人の悪党』（永島勝司／オークラ出版／2008年）
『子殺し 猪木と新日本プロレスの10年戦争』（金沢克彦／宝島社／2009年）
『「ゼロ年代」狂想のプロレス暗黒期』（上井文彦／辰巳出版／2012年）
『プロレス界最強仕掛人 永島オヤジのまぁだま～って読んでみてよ』（永島勝司／晋遊舎／2012年）
『劇画 プロレス地獄変』（原田久仁信／宝島社／2013年）
『真説・長州力 1951-2015』（田崎健太／集英社インターナショナル／2015年）
『長州力 最後の告白』（長州力＋水道橋博士／宝島社／2018年）
『告白 平成プロレス10大事件最後の真実』（長州力＋前田日明＋川田利明＋秋山準＋齋藤彰俊ほか／宝島社／2018年）

●雑誌・新聞

『格闘技通信』（ベースボール・マガジン社）
『ゴング格闘技』（日本スポーツ出版社）
『週刊ゴング』（日本スポーツ出版社）
『週刊ファイト』（新大阪新聞社）
『週刊プロレス』（ベースボール・マガジン社）

『サンケイスポーツ』（産経新聞社）
『スポーツニッポン新聞』（スポーツニッポン新聞社）
『スポーツ報知』（報知新聞社）
『デイリースポーツ』（株式会社デイリースポーツ）
『東京スポーツ』（東京スポーツ新聞社）
『日刊スポーツ』（日刊スポーツ新聞社）

『別冊宝島 プロレスライバル読本』（宝島社／1996年）
『迷宮Xファイル―格闘技&プロレス』（芸文社／2005年）
『別冊宝島　プロレス「地獄変」』（宝島社／2009年）
『逆説のプロレス VOL．3』（双葉社／2015年）
『別冊宝島 新日本プロレス 東京ドーム大会 10大事件の真相』（宝島社／2016年）
『逆説のプロレス VOL．10』（双葉社／2017年）

本書は2019年6月に小社より刊行した単行本『証言 長州力「革命戦士」の虚と実』を改訂・改題し、文庫化したものです。

証言 長州力 在日レスラーの反骨と革命
(しょうげん ちょうしゅうりき ざいにちれすらーのはんこつとかくめい)

2024年7月17日　第1刷発行

著　者　前田日明+ミスター高橋+藤原喜明+金本浩二 ほか

発行人　関川 誠
発行所　株式会社 宝島社
〒102-8388　東京都千代田区一番町25番地
電話:営業 03(3234)4621／編集 03(3239)0927
https://tkj.jp
印刷・製本　株式会社広済堂ネクスト

First published 2019 by Takarajimasha, Inc.
ISBN 978-4-299-05789-1